가장 위대한 일

기도

가장 위대한 일
기도

지은이 · 이규현
초판 발행 · 2016. 05. 23
2판 1쇄 발행 · 2025. 1. 13
등록번호 · 제1988-000080호
등록된 곳 · 서울특별시 용산구 서빙고로65길 38
발행처 · 사단법인 두란노서원
영업부 · 2078-3333 FAX 080-749-3705
출판부 · 2078-3331

책 값은 뒤표지에 있습니다.
ISBN 978-89-531-5014-0 03230

편집부에서 독자의 의견을 기다립니다.
tpress@duranno.com   http://www.duranno.com

두란노서원은 바울 사도가 3차 전도 여행 때 에베소에서 성령 받은 제자들을 따로 세워 하나님의 말씀으로 양육하던 장소입니다. 사도행전 19장 8-20절의 정신에 따라 첫째 목회자를 돕는 사역과 평신도를 훈련시키는 사역, 둘째 세계선교(TIM)와 문서선교(단행본·잡지) 사역, 셋째 예수문화 및 경배와 찬양 사역, 그리고 가정·상담 사역 등을 감당하고 있습니다. 1980년 12월 22일에 창립된 두란노서원은 주님 오실 때까지 이 사역들을 계속할 것입니다.

가장 위대한 일

기도

이규현 지음

프롤로그 기도 이상의 삶은 없습니다 6

part 1 **기도의 시작**
기도가 생명이다

1. 기도하면 산다 16
2. '예수의 이름'이 살린다 28
3. 바른 기도라야 한다 44
4. '성령'이 최고의 응답이다 64

part 2 **기도의 습관**
기도가 삶이다

1. 기도가 삶이 되게 하라 84
2. 기도의 손을 내리지 말라 96
3. 일상이 기도가 되게 하라 112
4. 하나님의 풍성함 속으로 들어가라 128

part 3　　**기도의 비전**
기도가 미래다

1. 기도가 인생이 된다　142
2. 기도가 일을 낸다　158
3. 기도가 위기에 빛을 발한다　172
4. 기도가 영적 대로를 연다　184

part 4　**기도의 권능**
기도가 능력이다

1. 기도가 답이 되게 하라　200
2. 입을 크게 열라　214
3. 위력 있는 기도의 한 사람이 돼라　230
4. 태양도 멈추는 기도자가 돼라　240

프롤로그

기도 이상의 삶은 없습니다

기도는 인간적인 것이면서 성스러운 행위이고,
신비이면서 일상에서 경험하는 실제적인 것이다.
기도는 하늘과 땅을 연결하는 것이다.
기도는 죄인이 하나님과 만난다는 점에서
그 자체로 기적이고, 황홀한 신비다.
기도는 형체를 알 수 없을 만큼 그 출발은 미미하지만,
깊어질수록 상상을 초월하는 경험을 하게 한다.

신앙은 기도만큼 간다.
신앙의 깊이는 기도의 깊이다.

기도는 꿈이고, 환상이고, 미래이며, 동시에 다가올 현실이다.
인생은 기도보다 더 앞서갈 수 없다.
기도를 넘어선 삶은 없다.
기도한 것은 그대로 현실이 된다.

기도만큼 진실한 언어는 없다.
고상한 언어로 다듬어진 핏기 없는 기도보다
영혼 깊숙한 곳에서 터져 나오는 탄식이 더 기도답다.
기도의 자리는 대개 치열한 전쟁터를 방불한다.
아무리 힘들고 어려워도 기도를 포기하지만 않으면 소망이 있다.

삶을 바꾸려면 기도를 바꾸면 된다.
다른 어떤 것보다 기도가 먼저다.
인생의 혁명은 기도에서 시작된다.
기도는 내가 얼마나 열심히 하는가보다
누구한테 하는가가 중요하다.
기도는 하나님과의 접속이다.
하나님과의 독대다.
영적 세계로의 귀의다.

바울은 "쉬지 말고 기도하라"(살전 5:17)고 했다.
기도 없이 살 수 없다는 뜻이다.

영국의 신학자 포사이스(Peter Taylor Forsyth)는 이 말씀에 대해
"기도는 영혼의 습관적 식욕이요 습관적 음식이다.
자라가는 하나님의 자녀는 항상 배가 고프다"라고 했다.
믿는 자는 항상 기도가 당긴다.
항상 목이 마르다.
기도의 갈증은 당신의 백성에 대한 하나님의 부르심이기도 하다.

성경은 기도의 책이다.
기도를 빼면 성경은 밋밋한 이야기책이 되고 만다.
믿음의 세계는 기도와 함께 간다.
믿음의 강화는 기도의 강화다.

하나님을 경험하는 것은 기도의 세계에서 일어난다.
신앙이 늘 쳇바퀴 돌듯 제자리걸음이고 추상적인 것에 머무는 이유는 기도의 자리에서 불이 붙지 않기 때문이다.
신앙은 기도의 맛이 익어 갈 때 깊어진다.

오랫동안 해외에서 사역을 하다 돌아와서 본 한국교회는 많이 달라져 있었다. 가장 충격적인 것은 신앙생활에서 기도가 상당히 밀려났다는 사실이다. 기도를 하기는 해도 속과 겉이 다른 외침으로밖에 들리지 않았다. 기도가 홀대받고 있는 것 같아 적잖이 당황스러웠다.
한국교회의 강점은 기도였다. 한국교회를 일으킨 힘도 기도였다. 그런데 이전보다 프로그램도 많고 화려하고 세련되어졌으나 어쩐지

파도치는 역동성이 현저히 떨어진 데는 배고픈 시절 하나님께 부르짖던 기도의 야성이 사라져 버린 까닭인 듯하다.

애간장 끓는 부르짖음 없이 넋두리하는 듯한 기도로는 하늘에 닿기 어렵다. 이런 기도는 요식적 절차가 되기 쉽다. 깊이 없는 기도, 열정이 식은 기도로는 신앙을 비상하게 만들 수 없다.

기도의 새로운 지평이 열려야 할 때다. 기도의 새로운 날개를 달고 날아올라야 할 때다. 기도의 야성을 회복해야 할 때다. 종교화되고 주술화된 기도에서 생명력 넘치는 기도로 전환된다면 소망이 있다.

한국 그리스도인들의 가슴에는 기도의 DNA가 있다. 기도의 불씨를 살리고 기도의 불길이 다시 치솟아 오르도록 해야 한다.

기도의 위력은 가공할 만하다. 기도는 응답된다. 우리의 무능을 인정하고 하나님의 능하심에 온전히 내어 맡기며 기도의 밀도를 높인 다면 기이하고 놀라운 일들이 일어날 것이다.

   기도는 쉬운 것이 아니다. 그래서 가볍게 다룰 일이 아니다. 기도의 세계는 깊고도 광대하다. 그 세계로 진입하려면 시간을 들여야 한다. 일종의 중노동이다. 몸의 기도를 익혀야 한다. 엉덩이로, 무릎으로, 땀으로 승부하는 기도의 자리를 지켜야 한다. 기도하지 못하게 하는 일상과 맞서 싸워야 한다. 기도가 삶의 변두리로 밀려나지 않고 영속적이려면 힘든 고지를 넘어서야 한다.

   기도와 관련된 서적들이 많이 있지만 하나 더 보태게 되었다. 그동안 기도에 관한 설교들을 모아 보았다. 섬기고 있는 수영로교회는 기도의 불씨가 살아 있어 그 현장의 정서가 묻어난 설교들이라 할 수 있다. 기도의 줄을 붙잡고 놓치지 않으려는 간절함이 교회 전반에 살아 있기에 이 책이 출간될 수 있었던 게 아닐까 생각해 본다.

이 책의 출판을 위해 애써 주신 두란노 편집부와 박진수 전도사와 홍보실의 노고에 감사드린다. 교회의 크고 작은 기도의 자리에서 기도의 불을 밝히는 수영로교회 성도들에게 마음을 다해 감사드린다. 그리고 늘 신실한 내조로 함께해 주는 아내에게 감사의 마음을 전하고 싶다.

2016년 5월
해운대에서 이규현 목사

Part 1

기도의 시작
기도가 생명이다

¹ 예레미야가 아직 시위대 뜰에 갇혀 있을 때에 여호와의 말씀이 그에게 두 번째로 임하니라 이르시되 ² 일을 행하시는 여호와, 그것을 만들며 성취하시는 여호와, 그의 이름을 여호와라 하는 이가 이와 같이 이르시도다 ³ 너는 내게 부르짖으라 내가 네게 응답하겠고 네가 알지 못하는 크고 은밀한 일을 네게 보이리라

예레미야 33:1-3

기도하면 산다

어느 시대든 살아 계신 하나님의 말씀이 선포되지 않을 때 소망이 없습니다. 영적인 문제뿐 아니라 도덕적, 정치적, 사회적인 모든 영역에서 소망이 보이지 않는 위기 상황입니다.

예레미야서 33장 1절을 보면 예레미야 선지자가 시위대 뜰에 갇혀 있습니다. 선지자가 갇혔다는 것은 하나님의 입을 막고 있다는 뜻입니다. 하나님의 말씀을 거부하고 하나님을 거역하는 그 시대의 영적인 상황을 말해 줍니다.

하나님은 예레미야가 선지자로서 아무것도 할 수 없을 때 그를 찾아오십니다.

"예레미야가 아직 시위대 뜰에 갇혀 있을 때에 여호와의 말씀이 그에게 두 번째로 임하니라"(렘 33:1).

여기서 '갇히다'와 '임하다'라는 단어가 눈에 띕니다. 서로 어울리지 않는 단어이기 때문일 것입니다. '갇힌' 것은 모든 것이 막힌 상황입니다. 그런데 거기에 여호와의 말씀이 임했습니다. 인간적인 눈으로 보면 '갇힌 상황'이 답답해서 끝난 것 같지만 하나님이 보시기에 그것은 끝난 것이 아닙니다. 우리 삶에 닥친 상황이 사방이 막힌 것처럼 절망적이더라도 하늘만 뚫리면 됩니다. 그러면 말씀이 임하게 됩니다.

예레미야 선지자가 처한 환경은 갇힌 상황이지만 거기에 여호와의 말씀이 임하므로 최상의 환경이 되었습니다. 믿는 자에게 최악의 상황은 하나님의 말씀이 들리지 않는 상황입니다. 하나님이 침묵하시는 때가 정말 무서운 상황입니다.

아브라함도 하나님의 침묵을 경험했습니다. 하나님이 약속하신 아들을 기다리지 못하고 몸종 하갈을 통해 이스마엘을 낳았습니다. 인간적인 방법으로 후사를 잇고자 한 것입니다. 그러자 하나님이 숨으셨습니다. 하나님이 숨으시자 아브라함은 최악의 삶을 살게 되었습니다.

신약과 구약 사이에 400여 년의 침묵기가 있습니다. 역사적으로 어둠의 때입니다. 세례 요한이 출연할 때까지 이스라엘은 어둠의 시대를 통과해야 했습니다. 오늘 이 시대에 하나님의 말씀이 임하면 소망이 있습니다. 교회를 통해 하나님의 말씀이 임하면 이 시대는 소망이 있습니다.

마틴 로이드 존스(Martyn Lloyd Jones) 목사님이 하나님의 말씀을 불같이 쏟아 놓았을 때 영국은 전성기를 구가했습니다. 그러나 하나님의 사람들이 사라지자 영국은 어둠의 시대를 걷게 되었습니다. 하나님의 말씀이 누구에게든지 임한다면 소망이 있습니다. 하나님의 말씀이 가정에 임하면 그 가정에 소망이 있습니다.

절망의 자리에서 기도의 자리로 나오라

"너는 내게 부르짖으라 내가 네게 응답하겠고 네가 알지 못하는 크고 은밀한 일을 네게 보이리라"(렘 33:3).

하나님께서 예레미야 선지자에게 "부르짖으라"고 말씀하십니다. 왜 그렇습니까? 시대가 절박한 상황이기 때문입니다. 우리는 절대적인 한계에 부딪쳤을 때 부르짖게 됩니다. 시편에도 '부르짖다'는 단어가 위급하거나 어려움에 처했을 때 자주 표현됩니다.

"나의 환난 날에 내가 주께 부르짖으리니 주께서 내게 응답
하시리이다"(시 86:7).

예레미야는 우울질의 기질을 가진 사람입니다. 매사에 심각하고 침통하고 우울하고 쉽게 움츠러드는 사람인데 언제 나갈지도 모르는 어두운 감옥에 갇혔으니 더 침울해 있었을 것입니다. 사람은 오랫동안 문제가 해결되지 않으면 어느 순간 그 문제를 수용해 버립니다. 암에 걸렸다는 사실을 알았을 때 처음에는 분노하지만 시간이 흐르면 할 수 없는 일이라고 수용하게 됩니다. 예레미야도 아마 이런 수용 단계에 있었을 것입니다. 밖으로 나가리라는 소망을 포기해 버린 무기력한 상태인 것입니다.

이런 때 가장 무서운 것은 기도할 엄두조차 내지 않는 것입니다. 문제가 너무 지속되거나 해결될 가능성이 전혀 없어 보이면 기도할 엄두를 내지 못합니다.

베데스다 연못가에 있던 38년 된 병자가 그런 경우입니다. 그는 연못의 물이 동하면 병이 낫는다는 소문을 듣고 허구한 날 거기에 죽치고 있었습니다. 예수님은 그를 보고 "네가 낫고자 하느냐?"고 물으셨습니다. 38년간이나 병을 앓고 있었으나 그에게서 병을 낫고자 하는 의지를 발견할 수 없었기 때문입니다. 부정적이고 어둡고 절망적인 그 마음에 가장 먼저 희망의 싹을 틔워 올리고자 예수님은 그 같

은 질문을 하신 것입니다.

하나님께서 예레미야에게 "부르짖으라"고 하신 것도 같은 맥락입니다. 예레미야의 기질을 잘 아시는 하나님이 그에게 부르짖으라고 하십니다. 그래야 부정적이고 어둡고 절망적인 생각이 물러나기 때문입니다. 암울한 상황에 짓눌린 마음을 걷어 내려면 먼저 부르짖어야 합니다. 찬양과 기도를 크게 하는 데는 그를 통해 내면에 있는 어둠과 답답함과 응어리진 것을 털어 내기 위함입니다. 그러면 카타르시스가 일어나면서 감정이 순화됩니다.

하나님은 어떤 일을 시작하시기 전에 우리의 마음에 기도를 불러일으키십니다. 어느 순간 갑자기 기도하고 싶다면 그것은 하나님이 하신 일입니다. 예레미야 선지자에게 기도하라고 촉구하신 것은 암담한 이스라엘에 하나님이 새 일을 하시기 위함입니다. 하나님은 우리로 하여금 먼저 기도하게 한 뒤 하나님의 일을 이뤄 가십니다. 성경을 보아도 그렇고 근대 들어 일어난 모든 부흥의 역사를 보아도 그랬습니다. 기도는 하나님의 역사를 일으키는 출발점입니다.

내 안에서 이상하게 기도가 일어나고 있다면 평범한 일이 아닙니다. 하나님이 무엇인가 일을 시작하시려는 징조입니다.

가장 무섭고 절망적인 상태는 감옥에 갇혀 있는 것이 아니라 기도가 중단된 것입니다. 그러므로 "너는 내게 부르짖으라"는 말씀은 단순히 기도하라는 의미를 넘어서 태도를 바꾸라는 요청입니다. 소극적인 자세에서 적극적인 자세로 바꾸라는 뜻입니다. '구하라, 찾으라, 두드리라'는 것입니다.

하나님은 예레미야에게 "오랫동안 절망적인 상황에 익숙해진 삶을 털고 일어나 살려 달라고 소리쳐라. 그러면 살 것이다. 문제는 네 안에 있다"고 하십니다. 그러므로 기도가 응답되고 안 되는 것보다 더 중요한 것이 기도를 '한다'는 것입니다. 기도의 자리로 나오는 것입니다. 감옥에서 나오고 안 나오고가 중요한 게 아니라 기도하는 것이 중요합니다.

"크고 놀랍게 응답하겠다"

"너는 내게 부르짖으라 내가 네게 응답하겠고"(렘 33:3).

기도의 결론은 '응답하겠다'입니다. 우리가 원하는 방식과 시기는 아닐지라도 하나님은 어떤 방식으로든지 우리에게 응답하십니다. 하나님은 백성의 기도를 외면하지 않고 반드시 응답하십니다. 이 사실을 믿어야 합니다.

많은 사람들이 기도하지 않는 이유는 '응답하겠다'는 하나님의 약속을 믿지 않기 때문입니다. 조지 뮐러는 일평생 5만 번 이상의 기도 응답을 받았다고 합니다. 그가 세운 고아원은 지금도 조지 뮐러가 그랬던 것처럼 어느 누구한테도 도움을 구하지 않고 하나님의 공급하심만 바라본다고 합니다. 저도 한 번 방문한 적이 있는데, 내부에 학교까지 둔 규모가 매우 큰 고아원이었습니다. 학교에서는 기술을 가르쳐 독립적 삶을 준비시킵니다.

OMF 선교단체는 지금도 허드슨 테일러(Hudson Taylor)의 선교 방식을 그대로 고수하여 어디를 가든지 자신의 재정적 필요를 스스로 해결합니다. 후원회도 없이 기도회만 있는 그곳은 지금도 아주 건강하게 운영되고 있습니다.

기도는 응답됩니다. 응답의 약속에 대해 확신을 가지고 기도하면 하나님께서 우리 삶을 새롭게 바꾸십니다.

그렇다면 예레미야가 부르짖어서 응답 받은 것이 무엇일까요?

예레미야 33장 6절 이하를 보면 그 응답의 내용이 구체적으로 나옵니다. 하나님은 패역하고 반역을 일삼는 백성을 심판하시던 것에서 마음을 돌이켜 용서하시기로 마음을 먹습니다. 이는 이스라엘의 회복을 의미합니다. 7절에는 "그들을 처음과 같이 세울 것이며"라고 했습니다. 폐허가 된 이스라엘을 처음과 같이 영광스럽게 회복시키겠다는 약속입니다. 이렇듯 기도는 회복을 가져옵니다. 하나님의 응답은 온전하게 회복시키는 것입니다.

더 나아가 하나님은 9절에서 "이 성읍이 세계 열방 앞에서 나의 기쁜 이름이 될 것이며 찬송과 영광이 될 것이요"라고 하십니다. 상상을 초월하는 응답을 약속하시는 것입니다. 우리는 겨우 일어나서 앓는 소리를 하며 기도할 뿐인데 하나님은 엄청난 응답으로 돌려주시는 것입니다.

하나님이 움츠려 있는 자에게 기도하게 하실 때는 그냥 일으켜 세우는 정도가 아니라 열방 가운데 높이 들어 세우시려는 것입니다. 크고 놀라운 일을 보이시기로 작정하고 우리로 하여금 기도하게 하시는 것입니다.

> "일을 행하시는 여호와, 그것을 만들며 성취하시는 여호와, 그의 이름을 여호와라 하는 이가 이와 같이 이르시도다"(렘 33:2).

여기서 굉장히 중요한 히브리어 동사 두 개가 나옵니다. 하나는 '만들다'를 뜻하는 '오샤'와 '짓다'를 뜻하는 '요쩨르'입니다. 이 두 동사는 창세기 2장에서 하나님이 창조사역을 하실 때 사용하신 단어입니다.

하나님은 창조주 하나님이십니다. 무에서 유를 창조하시는 하나님, 흑암 가운데 말씀으로 빛을 만드신 하나님이 우리에게 기도를 요청하십니다. 능치 못할 일이 없으신 하나님이 우리의 기도를 듣겠다고 하십니다. 들을 뿐 아니라 응답하셔서 크고 비밀한 일을 보이겠다고 하십니다.

　오지로 선교를 나간 선교사님의 전언에 따르면, 지금도 죽은 자가 살아나는 일이 일어난다고 합니다. 평신도 선교사님이 수지침을 배우고 이슬람 지역으로 선교를 나갔는데, 기도하고 침을 놓았더니 허리디스크가 낫고 각혈이 멈췄다고 합니다. 하나님은 우리가 믿음으로 기도하면 이렇듯 놀라운 일을 행하십니다.

　예수님이 "아버지께서 이제까지 일하시니 나도 일한다"(요5:17)고 하셨듯이 하나님은 창조 때부터 지금까지 부지런히 일하십니다. 주님은 안식일에도 생명을 살리는 일을 하셨습니다. 십자가상에서 마지막까지 강도를 살리는 일을 하셨습니다. 부활 이후에도 도마를 찾아가 당신의 부활을 확인시켜 주시고 디베랴 바닷가로 도망간 제자들을 찾아가 예루살렘으로 돌아가 기다리라 하신 주님은 부활 승천하신 뒤 지금까지 우리를 위해 중보하십니다. 하나님은 우리를 돌보시고 지키십니다.

　하나님은 가장 정확한 때에 하나님의 일을 이루실 것입니다. 바로의 명령으로 히브리 여인이 남자아이를 낳으면 다 살육할 때 모세의 어머니는 갈대 상자에 모세를 넣어 나일 강에 띄웠습니다. 하지만 그때 마침 바로의 공주가 목욕하러 나왔다가 아이를 발견하고는 자신이 키우기로 마음먹습니다. 톱니바퀴가 한 치의 오차도 없이 맞물려 돌아가듯이, 이 모든 일은 하나님이 일하신 결과입니다.

에스더서에도 모르드개가 장대에 매달려 죽게 된 전날 밤에 왕이 잠이 안 와서 역사책을 읽다가 모르드개가 세운 공을 보게 됩니다. 결국 이스라엘 백성을 몰살시키려는 음모를 꾸미던 하만이 죽고 이스라엘 백성은 살게 되었습니다. 하나님의 일하심은 이렇듯 플러스 알파입니다.

나의 열심과 노력으로는 도무지 이룰 수 없는 일을 하나님이 일하시면 그보다 더 크고 놀랍게 이뤄집니다. 하나님의 플러스 알파가 필요 없는 인생은 없습니다. 아브람이 아브라함이 된 것은 하나님의 열심 때문입니다. 하나님이 일하심으로, 연약하여 자주 넘어지던 아브람이 믿음의 조상 아브라함으로 변화된 것입니다.

일을 만들고 성취하시는 여호와가 오늘 우리에게 부르짖으라고 말씀하십니다. 실패해도 두려워하지 마십시오. 그리고 실패하지 않으려고 너무 노력하지 마십시오. 완벽하게 하려고 하지 마십시오. 하나님이 일하실 공간을 만들어 드리는 것이 믿음입니다. 오히려 실수를 통해서 더 크고 놀라운 일을 행하실 때가 많습니다. 플러스 알파의 역사를 만들어 내시는 하나님의 손에 맡기고 우리는 기도하면 됩니다.

하나님은 우리 인생의 전환점마다 변화하게 하시고 역전극을 벌이시고 상상할 수 없는 일을 만들어 가십니다.

"여호와께서 집을 세우지 아니하시면 세우는 자의 수고가 헛되며 여호와께서 성을 지키지 아니하시면 파수꾼의 깨어 있음이 헛되도다"(시 127:1).

일을 행하고 성취하시는 여호와의 손길이 우리 삶에 역사해야 합니다.

기도는 내가 하는 것이 아닙니다. 하나님이 기도하게 하십니다. 이 부르심에 응답하면 어느 순간부터 나의 기도를 하나님께서 이끌어 가십니다.

기도는 반드시 응답됩니다. 그러므로 부르짖는 나의 의지적인 행위가 필요합니다. 하나님께 부르짖으면 삽니다. 창조의 하나님이 새 일을 행하실 것입니다.

¹³ 너희가 내 이름으로 무엇을 구하든지 내가 행하리니 이는 아버지로 하여금 아들로 말미암아 영광을 받으시게 하려 함이라 ¹⁴ 내 이름으로 무엇이든지 내게 구하면 내가 행하리라

요한복음 14:13-14

'예수의 이름'이 살린다

　우리에게서 큰 변화를 일으켜 축복된 인생을 살아가게 하는 가장 중요한 키(key)가 있다면 바로 기도를 배우는 일일 것입니다. 우리가 생각하는 것보다 훨씬 더 풍성한 삶을 살게 하는 비밀이 기도에 있습니다. 우리는 여러 가지 레슨을 받기도 하고, 멤버십을 갖기도 하고, 수많은 특권을 얻고자 애를 씁니다. 그러나 기도의 특권에 견줄 수 있는 것은 아무것도 없습니다.

　하나님의 도움 없이도 살 수 있다고 큰소리칠 수 있는 사람이 과연 있을까요? 살다 보면 절망하고 좌절하는 일이 얼마나 많은지 모릅니다. 그러니 기도를 배우는 일은 선택이 아니라 필수입니다. 유한

한 인간이 절대자와 접속할 수 있는 것이 바로 기도입니다. 기도는 믿는 자가 누릴 수 있는 최고의 은총이고 특권입니다. 기도를 배운 사람은 한계와 문제에 부딪혔을 때 마냥 좌절해 있지 않고 살아납니다. 뿐만 아니라 그의 삶을 변화시킵니다.

그런데 기도에서 빠뜨려선 안 되는 것이 '예수님의 이름으로 기도합니다'입니다. 어떤 초신자가 갑자기 기도하게 되었는데 끝을 어떻게 맺어야 할지 몰라 계속해서 "주실 줄 믿습니다"라고 했습니다. 하지만 아무도 "아멘" 하지 않고 고개만 숙이고 있어서 할 수 없이 "하나님 안녕히 계십시오"라고 했다고 합니다. 기도를 아무리 멋있게, 열심히 해도 하나님께 도달되지 않는 기도라면 소용이 없습니다. 모든 기도가 받아들여지는 것이 아니기 때문입니다.

하나님께 도달되는 기도의 결정적인 요소 중 하나가 '예수님의 이름으로'입니다. 예수의 이름으로 기도하는 것이 중요합니다. 그 이유가 무엇입니까?

'예수의 이름'은 우리가 기도할 수 있는 근거다

첫째, 우리는 예수 그리스도의 이름으로 하나님께 나아갈 자격을 얻기 때문입니다.

예수의 이름이 아니면 우리는 하나님께 나아갈 수 없습니다. 휴대폰의 벨이 울리면 발신자의 이름이 뜹니다. 내가 아는 사람이거나 받아도 안전하다고 확신하면 전화를 받습니다. 그렇지 않으면 섣불리 전화를 받지 않습니다. 기도도 마찬가지입니다.

하나님이 받으시는 기도가 있습니다. 타락 이후 인간은 하나님과 직접적으로 관계할 수 없게 되었습니다.

구약시대에 하나님과 백성들이 만나는 곳은 성전이었는데, 중보자를 통해서만 하나님께 나갈 수 있었습니다. 죄인이 하나님께 직접 나아가면 그 자리에서 죽었고, 제사장들이 백성의 죄를 대신해서 짐승을 잡아 하나님께 올려 드렸습니다. 레위기에는 이 제사와 관련한 복잡한 규정들이 나옵니다. 이는 하나님을 만나는 일이 그만큼 어려웠음을 뜻합니다.

그런데 이 모든 복잡한 과정과 절차들을 단번에 무너뜨린 사건이 있습니다. 바로 예수 그리스도의 십자가 사건입니다. 예수님의 죽으심으로 하나님께 나아가고자 할 때 걸림이 되는 모든 제한이 제거되었습니다. 하나님의 아들 예수 그리스도의 죽음은 단번에 영원한 속죄의 제사가 되었습니다.

구약시대에 짐승의 피로 드린 제사는 단번에 영원한 속죄가 되지 못해서 하나님께 나아갈 때마다 제물을 바쳐야 했고 제사장의 중보가 필요했습니다. 그러나 예수 그리스도로 인한 속죄의 제사는 완전해서 영원한 속죄의 제사가 되었습니다.

"그러므로 형제들아 우리가 예수의 피를 힘입어 성소에 들어갈 담력을 얻었나니 그 길은 우리를 위하여 휘장 가운데로 열어 놓으신 새로운 살 길이요 휘장은 곧 그의 육체니라"(히 10:19-20).

예수의 피는 하나님께 나아갈 새로운 길입니다. 하나님께 나아갈 담력을 얻었다는 것은 죄인인 인간이 예수 그리스도로 말미암아 그 하나님의 거룩하심 앞에 두려움 없이 나아갈 수 있게 되었다는 것입니다. 인간이 아무 두려움 없이 나아가게 된 근거는 딱 하나, 예수 그리스도의 피를 힘입었기 때문입니다.

예수님이 십자가에서 돌아가셨을 때 성소의 휘장이 위에서 아래로 찢어졌습니다. 휘장은 하나님과 사람을 가로막고 있던 것입니다. 휘장이 찢어졌다는 것은 그리스도의 몸이 찢어짐으로 누구든지 나아갈 자격을 얻었다는 것입니다. 우리가 기도할 수 있는 유일한 근거는 '예수님의 피'입니다. 이것은 기도의 핵심 원리입니다. 내가 열심히 기도해서 응답 받는 것이 아니라 예수님이 우리 대신 고통을 당하셨기 때문에 하나님이 우리의 기도를 들으시는 것입니다.

우리는 언제나 죄인입니다. 아무런 자격이 없습니다. 그러므로 우리가 기도할 때 얼마나 오래했느냐, 얼마나 정성을 바쳤느냐는 하나님이 우리의 기도를 들으시는 기준이 절대 못 됩니다. 내 공로가 아니라 전적으로 예수의 공로 때문에 하나님이 우리의 기도를 들으십니다.

'예수님의 이름으로'는 기도의 절차가 아닙니다. 기도할 수 있는 근거입니다. 기도함으로 주어지는 확신과 평강은 십자가의 예수를 붙들 때 주어집니다.

> "너희가 내 이름으로 무엇을 구하든지 내가 행하리니 이는 아버지로 하여금 아들로 말미암아 영광을 받으시게 하려 함이라 내 이름으로 무엇이든지 내게 구하면 내가 행하리라"(요 14:13-14).

> "내 이름으로 아버지께 무엇을 구하든지 다 받게 하려 함이라"(요 15:16).

예수의 이름 때문에 하나님과 우리 사이에 대로가 열렸습니다. 가로막고 있던 모든 장벽이 무너졌습니다. 예수의 이름으로 새로운 길, 새로운 시대가 온 것입니다. 아무나 누릴 수 없는 엄청난 특권이 우리에게 주어진 것입니다. 예수의 이름이 비밀 문을 여는 패스워드입니다. 하늘 궁정의 문을 여는 마스터키입니다.

이것이 복음입니다. 하나님은 나의 상태를 보는 것이 아니라 예수의 이름으로 인해 나의 기도를 받으십시오. 나의 상태로는 죽었다 깨어나도 도무지 하나님 앞에 나갈 수 없지만 예수 그리스도의 이름을 의지하면 얼마든지 담대함을 가지고 나아갈 수 있습니다. 내가 예수를 믿는다면 조금도 주저하지 마십시오. 언제든지 예수의 이름으로 하나님께 나아가십시오.

예수의 이름에 엄청난 권세가 있다
둘째, 예수의 이름에는 능력이 있기 때문입니다.

> "지금까지는 너희가 내 이름으로 아무것도 구하지 아니하였으나 구하라 그리하면 받으리니 너희 기쁨이 충만하리라"(요 16:24).

예수의 이름으로 기도하는 것 자체가 응답을 전제하는 것입니다. 예수의 이름 자체가 능력이고 권세입니다. 직장에서 CEO의 이름과 직인이 찍힌 서류는 그 자체가 실행력을 가집니다. 미술품에 작가의 이름이나 사인이 있는 것과 없는 것은 엄청난 차이가 있습니다. 이름에는 권위가 있고 동시에 파워가 있습니다.

"무엇이든지 내게 구하면 내가 행하겠다"는 말에서 무엇을 느낍니까? 예수님은 당신의 이름을 적극 사용하라고 말씀하십니다. 강력한 권세를 느낄 수 있습니다. 그만큼 기도할 수 있다는 것은 상상할 수 없는 특권을 가지게 되었다는 것을 의미합니다. 이 기도의 특권은 인간이 죄로 인해서 잃어버렸던 통치의 능력을 회복하는 일입니다.

하나님은 우리로 하여금 기도라는 도구를 사용해서 하나님의 일에 참여하게 하셨습니다. 가끔 어떤 일을 하다 보면 한계를 느낄 때가 있습니다. 바로 그때입니다. 하나님은 우리를 그냥 일꾼으로 부르시지 않고 기도라는 엄청난 비밀 병기도 맡기셨습니다. 사도행전 3장에는 베드로와 요한이 성전 미문에 앉아서 구걸하며 날 때부터 일어나지 못하던 사람을 예수 그리스도의 이름으로 일으켜 세우는 사건이 나옵니다. 그들은 얼마 전까지도 예수 이름의 권세를 몰랐던 사람들입니다. 그러나 기도의 특권을 사용하자 그 진가가 발휘되었습니다. 그러므로 특권이 있지만 사용하지 않는다면 아무 소용이 없습니다.

"영접하는 자 곧 그 이름을 믿는 자들에게는 하나님의 자녀가 되는 권세를 주셨으니"(요 1:12).

하나님의 자녀의 권세에는 여러 가지가 있겠지만 그중 하나가 기도의 권세입니다. 예수 그리스도의 이름으로 나아갈 때 우리는 자녀로서의 특권을 마음껏 누릴 수 있습니다. 기도를 통해서 그 특권이 얼마나 대단한가를 경험하게 됩니다. 그것은 신나는 일입니다.

> "너희가 악한 자라도 좋은 것으로 자식에게 줄 줄 알거든 하물며 하늘에 계신 너희 아버지께서 구하는 자에게 좋은 것으로 주시지 않겠느냐"(마 7:11).

이 말씀을 비롯해 성경 곳곳에서 하나님이 우리에게 무언가 주려고 안달하시는 모습을 포착하게 됩니다. 아들의 권세는 아버지가 가진 권세를 함께 누리는 것입니다. 아버지의 이름으로 구하는 것에는 엄청난 파워와 실행력이 있습니다. 기도를 어떤 교리나 막연한 이론으로 생각하지 마십시오. 기도 그 자체, 예수의 이름이 실행코드입니다. 자신의 형편이나 조건을 바라보지 말고, 예수 그리스도의 이름을 붙들고 나아가십시오. 예수 이름의 권세를 누리는 것은 전적으로 우리의 몫입니다.

야고보서에서 믿음의 기도는 병든 자를 구원하고, 의인의 간구는 역사하는 힘이 많다고 했습니다. 간혹 기도를 무기력하고 병약한 사람들이나 하는 것으로 오해하는 분들이 있습니다. 아닙니다. 기도야말로 가장 강력한 하늘의 능력을 경험할 수 있는 최고의 수단입니다. 예수의 이름으로 구하십시오. 예수 이름의 권세를 기도를 통해서 확인하십시오.

하나님의 뜻에 순종하는 기도가 능력 있는 기도다

셋째, 예수의 이름에는 그의 뜻이 있기 때문입니다.

예수의 이름으로 기도하기만 하면 무엇이든지 다 이루어지지만, 가장 중요한 것은 예수의 뜻에 따라 기도해야 하는 것입니다. 로또에 당첨되게 해달라고 예수의 이름으로 기도해서 당첨이 되었다면 어떻게 될까요? 사고 싶은 물건이 있는데 반값 세일하게 해달라거나 손을 봐주고 싶은 사람이 있는데 한번 살짝 만져 주시기를 예수의 이름으로 기도하는 것이 이루어진다면 세상은 어떻게 될까요?

누구의 이름을 내 마음대로 사용하면 도용입니다. 누가 내 이름을 빌려 나도 모르게 나의 의도와 다르게 사용한다면 황당한 일입니다. 주님의 이름으로 구한다는 것은 그것이 주님의 동의를 받을 만한 것이라는 뜻을 내포하고 있습니다. 이름을 사용한다는 것은 그분의 뜻을 존중한다는 의미입니다.

하늘 보좌에 오르는 수화물에 '예수님의 이름'이 붙어 있으면 1단계는 통과합니다. 그러나 정밀 단계의 스캔을 통과해야 합니다. 요즘 공항에는 전신 스캔을 하는 기계가 도입된 곳이 많습니다. 기내에 반입해선 안 되는 물건을 겹겹이 포장해도 들키고 맙니다. 하나님의 영광, 하나님의 뜻, 하나님을 위해서라고 그럴듯하게 포장해도 하늘 보좌에 올라선 안 되는 자신의 야망과 탐욕은 들키게 되어 있습니다. 하나님의 보좌 앞에서 드러나지 않는 것은 없습니다.

만약 우리의 모든 기도가 응답된다면 그것은 곧 재앙이 될 수 있습니다. 세상이 혼란에 빠지고 말 것입니다. 응답이 곧 타락이 될 수 있습니다.

미국에서 남북전쟁이 일어났을 때, 남군의 리(Robert Edward Lee) 장군도 독실한 신앙인이었고, 북군의 링컨(Abraham Lincoln)도 신실한 신앙인이었습니다. 링컨은 "남과 북이 모두 똑같이 성경을 읽고, 한 하나님께 기도하며 상대방을 이기게 해달라고 호소하고 있습니다. 양쪽의 기도가 모두 받아들여질 수는 없습니다. 어느 쪽도 소원하는 바를 완전히 이룰 수는 없습니다. 전능하신 하나님은 그분만의 목적을 가지고 이루십니다"라고 연설했습니다.

예수의 이름으로 기도할 때 우리는 예수의 이름에 합당한 기도를 해야 합니다. 우리는 내가 원하는 것을 이루기 위해 하나님의 팔을 비틀어서라도 응답 받기만 하면 된다고 생각하는 경향이 있습니다. 그래서 능력 있는 기도란 내가 원하는 것이 이루어지는 것이라고 생각합니다. 하나님의 뜻과는 전혀 다른 기도를 하면서 '예수님의 이름'을 남발하고 마치 하나님을 채무자 다루듯이 "왜 안 주세요! 아직도 제 말을 못 알아들으신 거예요? 제가 할 만큼 했는데 저를 이렇게 대하면 안 되지요" 하고 따집니다. 흥정하는 사람도 있습니다. "이번에 한 번만 봐주시면 나중에 하나님이 힘드실 때 제가 도와드리겠습니다" 하는 것입니다. 진짜 능력 있는 기도란, 내가 원하는 것이 아니라 하나님이 원하시는 것에 순종하는 것입니다.

그런데 기도해도 응답 받지 못하는 경우가 있습니다. 여기에는 이유가 있습니다.

첫째, 믿음이 부족하기 때문입니다.

"오직 믿음으로 구하고 조금도 의심하지 말라 의심하는 자는 마치 바람에 밀려 요동하는 바다 물결 같으니 이런 사람은 무엇이든지 주께 얻기를 생각하지 말라"(약 1:6-7)고 했습니다.

둘째, 탐심으로 구하기 때문입니다.

"구하여도 받지 못함은 정욕으로 쓰려고 잘못 구하기 때문이라"(약 4:3)고 했습니다. 탐심으로 구하는 기도는 하나님께서 분명하게 "NO" 하십니다. NO도 응답입니다.

셋째, 내가 원하는 것과 하나님의 응답이 다르기 때문입니다.

하나님께서 주신 것이 내 마음에 들지 않을 수 있지만, 지나고 보면 하나님이 주신 것이 더 좋다는 것을 발견하게 되는 경우입니다. 내가 원하는 것이 아니어도 응답입니다.

넷째, 무응답의 응답입니다.

하나님의 무응답이 원망스럽지만 세월이 흐르고 나면 응답하지 않은 것이 축복임을 깨닫게 됩니다. 어떤 청년이 짝사랑하는 자매의 마음을 사로잡게 해달라고 기도했는데 세월이 흐르고 보니 그렇게 되었다면 끔찍할 뻔했다고 고백했습니다. 응답하지 않는 것도 주님의 사랑의 증거입니다.

다섯째, 응답을 지체하는 경우입니다.

하나님은 때로 응답을 당장 하시지 않고 지체하십니다. 우리는 내가 원하는 시간에 주시지 않으면 응답 받지 않았다고 간주합니다. 그러나 하나님의 타이밍은 우리와 다릅니다. 아무리 자녀가 사랑스러워도 아직 면허증도 없는데 자동차를 맡기는 부모는 없습니다. 응답하는 시기는 하나님이 정하십니다. 그러나 그때가 가장 완전한 때입니다.

여섯째, 응답되지 않은 것이 공동체 전체에 훨씬 더 유익한 경우입니다.

성경은 한 개인보다 공동체에 관심이 많습니다. 공동체가 복되어야 개인도 공동체 안에서 복된 삶을 살 수 있습니다. 예수님의 기도도 응답되지 않은 적이 있습니다. 겟세마네 동산에서 "할 만하시거든 이 잔을 내게서 지나가게 하옵소서"(마 26:39)라고 기도하셨지만, 하나님은 응답하지 않으셨습니다. 인류의 구원을 위한 무응답이었습니다.

온전히 응답 받는 기도는 예수님의 이름에 합당한 기도를 드렸을 때입니다. "무엇이든지 원하는 대로 구하라"에서 한 가지 단서가 있습니다. "예수의 이름으로 무엇이든지 구하면"입니다. 예수의 이름으로 기도한다는 것은 내가 구한 것을 통해서 예수님의 뜻과 하나님의 영광이 드러나는 것입니다. 예수님은 무한한 능력을 가지고 계셨지만 함부로 사용하지 않으셨습니다. 기도할 때도 자신의 필요를 가지고 기도하신 적이 없습니다. 단 한 번, 십자가를 앞두고 "이 잔을 내게서 지나가게 하옵소서" 하셨지만 그 기도마저도 곧 철회하셨습니다.

예수님의 기도는 우리에게 시사하는 바가 많습니다. 우리가 사업이 잘되기를, 직장에서 승진하기를 기도하지만 그것보다 더 중요한 것은 하나님의 백성다운 사업으로 하나님의 뜻 가운데 경영하도록 지혜를 구하는 것입니다. 세상의 유혹이나 세속주의와 타협하지 않고 말씀을 따라 살아갈 수 있는 믿음과 용기를 달라고 기도하는 것입니다.

진정으로 예수의 이름으로 기도하는 사람은 하나님께만 모든 것을 맡기지 않고 자신의 책임과 의무를 다합니다. 공부를 잘하게 해달라고 기도했으면 성실하게 배우고 익히고 공부해서 인류와 공동체를 위해 그 지식을 사용해야 합니다. 무조건 하나님께 맡기고 공부하지 않는 것은 예수의 이름을 남용하는 것입니다. 그러므로 승진하고 출세하게 해달라고 기도했으면, 공동체에서 그리스도인으로서 빛과 소금의 역할을 하기 위해 노력하고 그 결실로 하나님께 영광을 올려드려야 합니다.

그러나 승진하고 출세하게 해달라는 기도보다 그리스도인으로서 빛과 소금의 역할을 잘 감당하게 해달라고 기도하는 것이 더 건강합니다. 병이 낫게 해달라는 기도보다 이 병을 통해서 하나님의 뜻을 깨닫고, 하나님의 영광이 드러나고, 믿음이 더욱 굳건해지게 해달라고 기도하는 것이 더 건강합니다. 나의 책임, 나의 역할, 내가 감당할 일에 대해 하나님의 도우심을 구하는 것이 건강한 기도입니다.

내가 성취하고자 하는 목표에만 몰두하면 하나님의 뜻과 멀어지게 됩니다. 자기 욕심과 탐욕으로 하면서 예수의 이름으로 포장하는 기도를 하게 됩니다.

예수의 이름으로 기도하려면 예수님의 의도와 마음을 잘 알아야 합니다. 예수님의 마음과 뜻을 분명히 알고 나면 내 기도의 상당한 부분을 수정해야 할 것입니다.

예수님의 기도는 무엇을 얻기 위한 것이 아니라 무엇을 포기하기 위한 기도였습니다. 당신의 영광이 아니라 하나님 아버지의 영광을 드러내기 위한 기도였습니다. 이렇듯 예수님의 마음을 품고 기도할 때 우리는 예수의 이름에 합당한 기도를 할 수 있습니다. 내 이름으로 무엇을 구하든지 이루어 주시겠다는 예수님의 약속은 바로 이때에 해당하는 것입니다.

하나님께서 사랑하는 아들의 이름을 우리에게 주셨습니다. 예수 그리스도의 이름으로 기도한다는 것은 축복 중의 축복입니다. 이것을 놓치면 안 됩니다. 우리를 세상 속에서 하나님의 대행자로, 동역자로 불러 주셔서 하나님의 영광과 능력을 드러내기 원하신다는 것은 생각만 해도 신나는 일입니다. 그러므로 하나님의 목적에 맞게 기도하십시오. 무엇이든지 그 이름의 능력을 믿고 기도하십시오. 하나님의 영광을 드러내고, 하나님의 성품을 드러내고, 하나님 나라를 확장하는 일에 쓰임 받는 삶을 위해 기도하십시오.

¹ 너희 중에 싸움이 어디로부터 다툼이 어디로부터 나느냐 너희 지체 중에서 싸우는 정욕으로부터 나는 것이 아니냐 ² 너희는 욕심을 내어도 얻지 못하여 살인하며 시기하여도 능히 취하지 못하므로 다투고 싸우는도다 너희가 얻지 못함은 구하지 아니하기 때문이요 ³ 구하여도 받지 못함은 정욕으로 쓰려고 잘못 구하기 때문이라 ⁴ 간음한 여인들아 세상과 벗된 것이 하나님과 원수 됨을 알지 못하느냐 그런즉 누구든지 세상과 벗이 되고자 하는 자는 스스로 하나님과 원수 되는 것이니라 ⁵ 너희는 하나님이 우리 속에 거하게 하신 성령이 시기하기까지 사모한다 하신 말씀을 헛된 줄로 생각하느냐 ⁶ 그러나 더욱 큰 은혜를 주시나니 그러므로 일렀으되 하나님이 교만한 자를 물리치시고 겸손한 자에게 은혜를 주신다 하였느니라 ⁷ 그런즉 너희는 하나님께 복종할지어다 마귀를 대적하라 그리하면 너희를 피하리라 ⁸ 하나님을 가까이 하라 그리하면 너희를 가까이하시리라 죄인들아 손을 깨끗이 하라 두 마음을 품은 자들아 마음을 성결하게 하라 ⁹ 슬퍼하며 애통하며 울지어다 너희 웃음을 애통으로, 너희 즐거움을 근심으로 바꿀지어다 ¹⁰ 주 앞에서 낮추라 그리하면 주께서 너희를 높이시리라

야고보서 4:1–10

바른 기도라야 한다

　우리는 흔히 기도했는데도 얻지 못했다고 생각합니다. 하지만 그 반대입니다. 구하지 않아서 얻지 못한 것입니다. 야고보서 4장 2절에도 "너희가 얻지 못함은 구하지 아니하기 때문이요"라고 했습니다. 많은 사람들이 "무얼 기도해 드릴까요?"라고 물으면 확실하게 대답하지 못합니다. 그 이유는 평소에 기도를 하지 않거나 간절함 없이 기도해 놓고 금세 잊어버리기 때문입니다. 무엇을 기도해야 하는지, 무슨 기도를 했는지 자신도 알지 못하는 것입니다. 많은 교회들이 열심히 기도하지만 하나님의 강한 역사가 일어나지 않는 것도 무엇을 구해야 하는지, 무엇을 구했는지 모르기 때문입니다. 달리 말해서 내적인 간절함이 없는 기도를 했다는 뜻입니다.

기도는 하는데 무엇을 구했는지 알지 못하는 기도에 대해 하나님은 구하지 않았다고 간주하십니다.

오늘도 살아 계셔서 역사하시는 하나님을 믿는 사람은 산을 옮기는 기적을 보여 달라고 기도합니다. 그러나 '무슨 그런 일이 일어나겠어?' 하는 마음으로 기도하는 사람은 똑같은 내용으로 기도해도 허공을 치는 기도를 하는 것입니다.

간절함이 강하면 아침에 눈을 뜨자마자 그것부터 생각납니다. 시간이 지날수록 그 간절함이 더 뜨거워집니다. 커피를 좋아하는 사람들은 아침에 눈을 뜨자마자 커피를 마십니다. 커피를 마셔야 잠이 깨고 영혼의 깊은 만족을 느끼기 때문입니다. 이처럼 간절한 갈망은 좀처럼 지워지지 않는 것입니다.

간절함을 가지고 기도하는 사람은 시간이 지난다고 그것을 잊어버리지 않습니다. 오히려 시간이 지날수록 그 간절함이 더 깊어지고 뜨거워집니다. 이것이 '구하는 것'입니다. 그러니까 "저희가 얻지 못함은 구하지 아니하기 때문이요"라고 한 것은 이렇게 구하지 않았다는 말입니다. 아침에 눈을 뜨자마자 간절한 소원이 생각나고 종일토록 무엇을 하든지 어디에 있든지 간절하게 부르짖으며 자면서도 부르짖습니다. 이 내적인 탄식과 갈망이 꿈인지 생시인지 모를 만큼 그의 삶을 온통 뒤덮는 것입니다.

아침에 눈을 뜨면서부터 잠들 때까지 붙잡는 기도 제목이 무엇입니까? 무엇을 그토록 간절하고 절박하게 구하고 있습니까? 하나님은 우리가 이처럼 구하지 않아서 얻지 못한다고 분명하게 말씀하십니다.

하나님을 경험하기 원하는 것이 기도다

하나님은 우리에게 구하라고 하십니다. 그런데 마태복음 6장의 산상수훈에서는 하나님은 우리가 구하지 않아도 아신다고 합니다. 과연 무엇이 맞습니까? 구해야 합니까, 구하지 않아도 됩니까?

마태복음 6장의 말씀을 다시 읽어 보면 한 단어가 눈에 들어옵니다. 바로 '염려'입니다.

> "그러므로 염려하여 이르기를 무엇을 먹을까 무엇을 마실까 무엇을 입을까 하지 말라 이는 다 이방인들이 구하는 것이라 너희 하늘 아버지께서 이 모든 것이 너희에게 있어야 할 줄을 아시느니라"(마 6:31-32).

이방인들처럼 무엇을 먹을까, 무엇을 마실까, 무엇을 입을까 염려하면서 구하지 말라고 하십니다. 이 염려가 곧 하나님에 대한 불신이기 때문입니다. 하나님은 당연히 우리의 형편과 처지를 다 알고 계십니다. 그럼에도 우리가 기도해야 할 이유가 있습니다.

첫째, 기도함으로 하나님을 경험하기 위해서입니다.

기도의 응답보다 더 중요한 것이 바로 하나님을 경험하는 것입니다. 우리는 문제가 생기거나 위기가 닥치면 그것을 해결해 주시는 응답에 초점을 두고 거기에 매달립니다. 그러나 하나님의 관심은 거기에 있지 않습니다. 하나님의 관심은 우리가 그 문제와 위기를 통해 하나님을 경험하는 데 있습니다.

교회에는 하나님을 경험한 사람도 있고 경험하지 않은 사람도 있습니다. 그런데 영적인 체험이 있는 사람은 그렇지 못한 사람에 비해 신앙에 활력이 있고 생동감이 있으며 어지간한 일에 넘어지지 않는 강단이 있습니다. 신앙이 자라려면 이 체험이 반드시 필요합니다. 하나님은 우리로 하여금 당신을 경험시키기 위해 자꾸 구하라, 기도하라고 촉구하십니다. "여호와의 선하심을 맛보아 알지어다"(시 34:8)라고 한 시편 기자처럼 하나님을 경험하라고 하십니다.

기도하는 사람들은 영적인 것에 민감합니다. 자기가 구한 것을 잘 알 뿐만 아니라 하나님이 그 일을 어떻게 이뤄 가시는지에 관심이 많습니다. 기도와 삶이 분리되지 않고 긴밀하게 연결된 기도하는 사람들은 어떤 일이 일어났을 때 거기서 일하시는 하나님의 역사에 민감하게 반응합니다.

기도하지 않는 사람들에게 사건사고는 우연히 일어난 일이고 하나님과 상관없는 일입니다. 그러나 기도하는 사람들에게 그것은 절대 우연한 것이 아닙니다. 이 두 부류는 전혀 다른 세계를 경험하고 있는 것입니다.

하나님께서 역사하시는 것을 보는 즐거움, 이것이 영적인 체험입니다. 기도는 내 개인의 문제가 해결되는 것으로 끝나는 게 아니라, 하나님이 내 기도를 들으셔서 어떤 일들을 행하시는지 앎으로 하나님의 역사에 동참하는 것까지 포함됩니다.

하나님께서 내가 구한 것을 주시겠다 했지만 그 성취가 늦어질 때가 있습니다. 아브라함에게 자손을 번성하게 하겠다 약속해 놓고는 25년이 지나서야 그 약속을 성취하신 것처럼 말입니다. 금방 주실 수 있지만 기다리게 하시는 것은 그 인내의 시간을 통해 우리에게 바라시는 것이 있기 때문입니다.

속이 타는 우리의 마음을 몰라서가 아니라 우리가 더 적극적으로 하나님을 경험하기를 바래서 기다리게 하십니다. 이렇듯 우리는 응답과 성취에 관심이 많지만 하나님은 우리가 하나님을 체험하는 것에 관심이 많으십니다.

그런데 우리는 왜 하나님을 체험해야 합니까?

하나님을 체험하지 못하면 설사 응답을 받고 성취되었다 해도 같은 문제 앞에서 또 넘어지게 됩니다. 문제는 해결되었지만 신앙은 여전히 불안한 상태에 머무르게 됩니다.

하나님을 체험할 때 신앙이 자라고 믿음의 분량이 커지게 됩니다. 같은 문제 앞에서 또 넘어지지도 않고 다른 문제가 오더라도 문제가 아닌 하나님을 바라보게 됩니다. 문제 가운데 평강을 주시는 하나님을 의지하게 됩니다. 하나님을 경험했기 때문에 그렇습니다.

그러므로 문제가 생기고 위기가 닥쳤을 때 이 문제를 빨리 해결해 달라고 기도할 게 아니라, 이를 통해 하나님을 경험하게 해달라고 기도하십시오. 하나님의 선하심과 위대한 능력을 체험하게 해달라고 기도하십시오.

기도는 믿음을 자라게 한다

둘째, 믿음이 자라기 위해서입니다.

기도는 믿음의 강한 작용이 일어나는 현장입니다. 기도와 믿음은 떼려야 뗄 수 없는 관계입니다. 믿음이 없으면 기도하지 못합니다. 그리고 기도함으로써 믿음이 자라게 됩니다.

기도는 불가능을 가능으로 바꾸시는 하나님을 바라보는 믿음의 반복적 행위입니다. 하나님이 얼마나 크신 분인가를 기도를 통해 경험하고 이 경험이 믿음을 자라게 합니다. 그런데 믿음이 자라면 구하는 것이 달라집니다.

엘리야 하면 가장 먼저 '기도의 사람'이 떠오릅니다. 엘리야는 3년 반 동안 비가 오지 않던 이스라엘 땅에 비가 올 것이라고 선포했습니다. 물 한 방울도 남지 않은, 짐승도 말라서 뼈밖에 남지 않은 황폐한 그 땅에 비가 올 것이라고 선포한 것입니다. 그런데 이렇게 선포할 수 있었던 근거는 저 멀리 보이는 손바닥만 한 구름이 전부였습니다. 하지만 이보다 더 중요한 것은 이 손바닥만 한 구름을 보기 전에 엘리야가 머리를 무릎 사이에 집어넣고 간절히 기도한 것입니다.

그때까지 마른하늘이었습니다. 비가 올 가능성은 전혀 없었습니다. 그런데 엘리야는 그야말로 눈곱만 한 가능성을 보고 성취될 줄 믿고 선포했습니다.

엘리야의 이 믿음이 하루아침에 생긴 걸까요? 그렇지 않습니다. 무수한 기도 속에서 하나님을 체험하고 믿음이 자라면서 이처럼 담대하고 위대한 믿음을 갖게 된 것입니다. 엘리야처럼 기도를 많이 하면 개인의 기도에서 나라와 민족을 위한 기도로, 세계 평화를 위한 기도로 점차 그 범위가 넓어집니다. 넓어지고 깊어지는 것입니다.

기도하는 사람은 세계의 변화를 흘려 보지 않습니다. 중동에 부는 민주화의 바람, 중국과 아프리카에 부는 새로운 변화의 바람을 유심히 봅니다. 이미 그 깊이와 넓이가 커져서 세상 가운데 행하시는 하나님의 역사를 주목하는 것입니다.

"야베스가 이스라엘 하나님께 아뢰어 이르되 주께서 내게 복을 주시려거든 나의 지역을 넓히시고"(대상 4:10).

야베스가 말한 '나의 지역'이란 기도의 깊이와 넓이를 의미합니다. 기도할 때 그 깊이가 깊어지고 넓이가 넓어지기를 바라는 것입니다.

기도하면 반드시 일어나는 특징이 믿음이 강화된다는 것입니다. 그리고 믿음이 강화될수록 기도의 범위가 넓어지고 깊어집니다. 그래서 기도는 비전입니다. 비전이 무엇입니까? 현실을 넘어서는 세계를 보는 것입니다. 바울은 기도 중에 마게도냐와 로마의 환상을 보았고 그리로 갈 것을 소망하게 되었습니다.

필립 얀시는 "믿음은 시간이 지나야 이해할 수 있는 것을 미리 이해하는 것이다"라고 말했습니다. 사람들은 시간이 지나야 반응하지만 믿음의 사람들은 미리 보는 것입니다. 당장에 이해할 수 없는 것을 보는 것입니다. 기도 중에 우리 모두 하나님의 기가 막힌 비전을 갖게 되기를 바랍니다. 기도의 지경이 넓어지기를 바랍니다.

기도는 평탄할 때 해야 한다

많은 사람들이 평탄할 때가 아니라 어려울 때 기도합니다. 그러나 기도는 평탄할 때 더 많이 해야 합니다. 건강을 잃으면 회복하기 어렵듯이 삶이 평탄할 때 기도에 힘쓰지 않으면 영적 건강을 잃게 됩니다.

기도는 노동입니다. 몇 시간씩 집요하게 기도하려면 건강해야 하고 체력도 좋아야 합니다. 문제가 생겨서 삶에 혼란이 생기면 기도에 마음을 집중하기가 어렵습니다. 당장에 닥친 불을 끄기에 급급합니다.

문제가 있을 때 하는 기도는 불을 끄는 기도입니다. 그러나 아무 문제 없이 평탄한 때 하는 기도는 집을 짓는 기도입니다. 이 둘은 굉장히 다릅니다. 문제가 생겼을 때 불을 끄기 위해 하는 기도는 문제 자체에 매달리느라 하나님을 주목하기 어렵습니다. 그러나 평탄할 때 기도하면 하나님께 주목하여 기도의 지경이 넓어지고 깊어지게 됩니다. 믿음이 자라게 됩니다.

건강한 상태에 있을 때 하나님의 뜻을 분별하기가 좋습니다. 나를 향한 하나님의 비전을 발견하기 쉽습니다. 건강한 기도는 지경이 넓어지는 기도입니다. 처음엔 나 개인을 위해서만 기도하다가 차츰 그 범위가 넓어지게 됩니다. 처음엔 내 자녀를 위해서 기도하다가 나중엔 내 자녀가 다니는 학교를 위해서 기도하게 됩니다. 처음엔 내가 다니는 교회를 위해서 기도하다가 나중엔 이 땅의 교회를 위해 기도하게 됩니다. 처음엔 내가 원하는 기도를 하다가 나중엔 하나님이 원하시는 것을 구하는 기도를 하게 됩니다.

이렇게 기도의 지경이 넓어져야 합니다. 그러면 하나님이 우리가 구하는 것을 주십니다.

기도는 정욕으로 구하는 것이 아니다

"구하여도 받지 못함은 정욕으로 쓰려고 잘못 구하기 때문이라"(약 4:3).

하나님은 우리가 구하면 반드시 주십니다. 그런데 조건이 하나 붙습니다. 정욕으로 쓰려고 구하지 말라는 것입니다.

기도는 엄청난 역사를 만듭니다. 그런데 문제는 정욕으로 쓰려는 잘못된 동기를 가지고 기도하는 것입니다. 비행기를 타기 위해 검색대를 통과할 때 소지하지 말아야 할 것을 갖고 있으면 경고음이 울립니다. 마찬가지로 기도할 때 정욕이라는 잘못된 동기를 가지고 있으면 하나님의 검색대에서 소리가 나게 됩니다. 아무리 숨겨도 들통이 납니다.

그렇다면 하나님은 왜 이 정욕에 대해 이처럼 까다롭게 구시는 걸까요? 다 주겠다고 하셨으면서 왜 제한을 두시는 걸까요? 우리는 구한 것을 받기만 하면 좋아하지만, 하나님은 우리에게 최상의 것을 주고 싶어 하십니다. 정욕을 골라낸 최상의 것을 주고 싶어 하십니다. 때로 하나님이 주겠다고 약속하시고는 그 성취를 미루시는 것도 우리 안의 정욕이라는 불순물을 제거하기 위해서입니다. 이 기간은 사람마다 달라서 어떤 사람은 1년이면 되는가 하면 어떤 사람은 10년을 해도 안 될 때가 있습니다. 자기 안의 정욕을 다루지 않기 때문입니다.

우리 안에 정욕이 있으면 하나님께 초점을 맞추기 어렵습니다. 그런 기도는 이미 과녁을 벗어나서 하나님께로 인도하지 않습니다. 하나님의 마음과 일치를 이룰 수가 없습니다. 하나님은 인간의 정욕, 욕심과 결코 동역하지 않으십니다. 하나님은 기도하는 내용만 듣는 것이 아니라 기도하는 사람의 마음에 숨겨진 것을 들으십니다. 이 사실을 잊지 말아야 합니다. 우리의 기도 내용을 액면 그대로 들으시는 하나님이 아니라 그 기도하고 있는 사람의 내면에 숨겨진 깊은 동기를 들여다보십니다. 아무리 포장하고 싶어도 포장이 되지 않습니다. 기도의 언어는 매우 순수해야 합니다.

야고보서 4장 1절을 보면, 정욕으로 살아가는 사람들의 모습이 나옵니다.

> "너희 중에 싸움이 어디로부터 다툼이 어디로부터 나느냐 너희 지체 중에서 싸우는 정욕으로부터 나는 것이 아니냐"(약 4:1).

싸우고 다투는 이유가 뭡니까? 내 안의 정욕 때문입니다. 2, 3절도 마찬가지입니다.

"너희는 욕심을 내어도 얻지 못하여 살인하며 시기하여도 능히 취하지 못하므로 다투고 싸우는도다 너희가 얻지 못함은 구하지 아니하기 때문이요 구하여도 받지 못함은 정욕으로 쓰려고 잘못 구하기 때문이라"(약 4:2-3).

이 말씀은 과녁을 벗어난 기도를 하는 근본적인 이유가 무엇인지 알려 주고 있습니다.

야고보의 별명은 '낙타 무릎'입니다. 왜 낙타 무릎일까요? 기도를 너무 많이 해서 그렇습니다. 야고보는 기도의 사람이었습니다. 기도에 관한 한 최고 전문가가 지금 우리에게 기도에 대해 기가 막힌 가르침을 주고 있는 것입니다.

오늘날 세상은 갈수록 경쟁적으로 치닫습니다. 하나라도 더 많이 갖기 위해 음모와 중상모략과 뇌물과 거짓이 판을 칩니다. 기도하지 않는 삶에게 나타나는 당연한 현상입니다. 기도하지 않으면 인생을 자기 능력에 의지하여 살아갑니다. 당연히 경쟁적일 수밖에 없습니다.

기도하는 사람은 자기 능력이 아니라 하나님의 능력을 의지합니다. 하나님이 먹이고 입히는 대로 살아갑니다. 경쟁적일 필요가 없는 것입니다.

사람들의 얼굴을 보십시오. 얼마나 살벌한지 모릅니다. 시기하고 질투하고 다툼이 일어나는 이유는 우리 안에 해결되지 않은 정욕 때문입니다. 그러므로 인간관계에 문제가 일어나고 있다면 기도생활을 점검하시기 바랍니다.

기도란 무엇일까요? 내 힘이 아니라 하나님의 도우심으로 이루어질 것을 믿고 모든 것을 하나님께 맡기는 행위입니다. 기도하는 사람은 무엇을 하든지 경쟁적으로 하지 않습니다. 누군가 나를 이기려 한다면 져 주십시오. 우리는 사람과 상대해서 싸워야 하는 사람들이 아닙니다. 세상 사람들이 내 것을 모두 빼앗아 간다 해도 염려할 것 없습니다. 하나님이 주시는 축복의 분량은 여전히 그대로 있기 때문입니다. 그러므로 싸우지 않아도 때가 되면 주십니다.

하나님은 우리가 다투며 일하는 것을 원하시지 않습니다. 정욕으로 일하는 것을 원하시지 않습니다. 어떤 사람은 주의 일을 하면서도 혈기를 부립니다. 정욕을 따라 일하기 때문입니다.

기도하는 사람들은 나와 같은 분야에서 일하는 사람이 잘되었을 때 시기하지 않습니다. 축복의 원천은 하나님입니다. 모든 사람이 다 막고 있어도 하나님이 열면 닫을 자가 없습니다. 이 비밀을 체험할 수 있기를 바랍니다. 기도는 사람과 싸우지 않고 하나님과 승부를 내는 것입니다. 우리는 자꾸 사람과 경쟁하려고 하는데 경쟁심이 일어날 때마다 기도해야 합니다.

그러므로 신앙생활 하면서 가장 중요하게 신경 써야 할 것은 바로

나 자신입니다. 내 안에 정욕이 자라고 있지 않은지 점검해야 하는 것입니다.

기도는 내 그릇을 깨끗하게 준비시킨다
정욕적인 사람은 누구입니까?

"간음한 여인들아 세상과 벗된 것이 하나님과 원수 됨을 알지 못하느냐 그런즉 누구든지 세상과 벗이 되고자 하는 자는 스스로 하나님과 원수 되는 것이니라"(약 4:4).

세상과 벗된 것이 곧 간음이며 하나님과 원수된 것이라고 합니다. 그것이 6절에서는 교만과 이어집니다.

"그러나 더욱 큰 은혜를 주시나니 그러므로 일렀으되 하나님이 교만한 자를 물리치시고 겸손한 자에게 은혜를 주신다 하였느니라"(약 4:6).

하나님은 교만한 자를 물리치신다고 합니다. 교만이 무엇입니까? 자기를 높이는 것입니다. 하나님을 높이는 것이 아니라 자기를 높이는 것입니다. 하나님의 기쁨이 아니라 나의 만족을 추구하는 것입니다. 정욕적인 사람은 이렇듯 교만합니다.

10절에서 "주 앞에서 낮추라 그리하면 주께서 높이시리라"고 합니다. 기도하는 사람은 이렇게 겸손합니다. 왜냐하면 기도는 자기를 비우는 것이며 낮추는 것이기 때문입니다. 기도하지 않기 때문에 교만해집니다.

한편, 정욕적인 사람은 무슨 일이든 성급하게 이루려고 합니다. 내 뜻대로, 내 생각대로 빨리 이뤄지기를 바라는 정욕 때문에 기다리지 못합니다. 정욕적인 사람들은 원망과 불평을 입에 달고 삽니다. 자기가 원하는 시기와 방식으로 이뤄지지 않으면 독설을 퍼붓습니다. 하나님은 그런 사람들을 광야로 몰아넣어 훈련시키십니다. 마음을 낮추시는 것입니다.

> "하나님을 가까이하라 그리하면 너희를 가까이하시리라 죄인들아 손을 깨끗이 하라 두 마음을 품은 자들아 마음을 성결하게 하라"(약 4:8).

손을 씻고 마음을 성결하게 하고 한마음을 품는 것은 자신을 깨끗이 비워 하나님의 복을 받을 그릇으로 준비하는 일입니다. 하나님은 깨끗해진 그 자리에 하나님이 준비하신 것을 주십니다. 무엇을 얻으려고 하면 내가 가진 정욕을 제거해야 합니다. 정욕을 제거하지 않은 채 달라 하면 하나님은 주실 수 없습니다. 가당치 않은 요구를 하는 것입니다. 우리의 정욕대로 구한 것이 응답되면 큰일 납니다.

기도하는 사람은 기도가 되지 않을 때 자기 안의 정욕과 불순물을 제거해야 함을 압니다. 그래서 내가 집착하는 것이 무엇인지, 너무 잘하려는 것이 무엇인지, 조급해하는 것이 무엇인지 찬찬히 점검합니다. 정욕 때문에 생긴 것들이기에 하나하나 걸러 냅니다. 그렇게 내 안의 그릇이 깨끗해질 때 기도가 되고 하나님의 응답도 얻습니다.

그런데 하나님은 응답하시기 전에 우리 안에 평화를 주십니다. 경쟁하고 시기하고 질투하는 마음이 사라진 자리에 평화를 주십니다. 이것이 하나님의 위대한 역사가 일어나기 직전에 일어나는 우리의 마음 상태입니다. 어쩐 일인지 내 안에 기쁨이 차오르는 것입니다.

정리하면, 마음을 정결하게 하고 한마음을 품을 때 하나님이 응답하십니다.

유진 피터슨이 쓴 책 중에 《응답하는 기도》가 있습니다. '응답 받는 기도'가 아니라 '응답하는 기도'입니다. 응답하는 기도란 우리를 찾으시는 하나님께 반응하는 기도를 말합니다. 내 목적을 이루기 위해 하나님을 끌어당기는 것이 아니라 오히려 하나님의 뜻에 내 목적과 동기를 복종시키는 기도입니다. 우리가 오히려 하나님께 응답하는 것, 그것이 곧 반응하는 기도입니다.

하나님은 우리와 함께 동역하기 원하십니다. 동역은 다른 것이 아닙니다. 하나님이 기뻐하고 원하시는 기도를 하는 것입니다. 높아진 마음을 낮추고 정결한 마음으로 주님 앞에 나아가서 주님이 원하시는 기도를 하는 것입니다. 그런데 이것이야말로 메가톤급의 기도입니다. 이때부터 우리 삶을 통해 상상을 초월하는 하나님의 역사가 시작되기 때문입니다. 하나님의 뜻 앞에 온전히 반응하여 나의 모든 정욕과 혈기와 교만함을 내려놓고 주의 뜻 앞에 복종하고자 하는 분명한 태도를 가지게 될 때 하나님은 그 크신 능력을 폭포수같이 내 인생에 쏟아부어 주십니다. 하나님은 지금도 그런 기도의 자리로 나아오는 사람을 애타게 찾고 계십니다. 정결한 마음으로 나아오는 그 사람을 통해 하나님의 축복을 흘려보내기 위해 찾고 또 찾으십니다.

하나님이 사용하시는 복의 통로는 무엇보다 깨끗해야 합니다. 그런데 이 깨끗함, 곧 정결함이 결코 쉽지 않습니다. 끊임없이 들고 일어나는 욕망과 자아를 깨뜨리고 고집을 끊고 허영과 교만을 낮춰야 하기 때문입니다.

처음에는 내게 닥친 문제를 해결하기 위해 기도하기 시작합니다. 그런데 기도의 시간이 쌓일수록 우리 안의 헛된 것들을 버리게 되고 더 깊이 나아가는 기도를 배우게 됩니다. 그러면 하나님께서 그렇게 기도하는 우리를 사용하고 싶어 하십니다. 이때부터 우리의 기도는 개인을 넘어서는 나라와 민족, 세계를 위한 기도로 그 지경이 넓어집니다. 기도하는 한 사람을 통해 공동체가, 이웃이 하나님의 축복을 받게 됩니다.

　이처럼 우리가 하나님이 사용하시기 좋은 그릇으로 준비되면 하나님의 능력이 우리의 기도 가운데 불붙기 시작해서 이전에 보지 못한 경이로운 일들을 경험하게 됩니다. 하나님의 역사 가운데 깊숙이 들어가게 되는 것입니다.

　수도관이 물이 흘러가는 통로가 되면 항상 물이 가득 차게 되듯이 우리가 하나님의 축복의 통로가 되면 우리 삶은 언제나 하나님의 축복으로 가득 차게 됩니다.

기도하는 사람은 자기 능력이 아니라 하나님의 능력을 의지합니다.

⁷ 구하라 그리하면 너희에게 주실 것이요 찾으라 그리하면 찾아낼 것이요 문을 두드리라 그리하면 너희에게 열릴 것이니 ⁸ 구하는 이마다 받을 것이요 찾는 이는 찾아낼 것이요 두드리는 이에게는 열릴 것이니라 ⁹ 너희 중에 누가 아들이 떡을 달라 하는데 돌을 주며 ¹⁰ 생선을 달라 하는데 뱀을 줄 사람이 있겠느냐 ¹¹ 너희가 악한 자라도 좋은 것으로 자식에게 줄 줄 알거든 하물며 하늘에 계신 너희 아버지께서 구하는 자에게 좋은 것으로 주시지 않겠느냐

마태복음 7:7-11

'성령'이 최고의 응답이다

　마태복음 5-7장은 예수님의 주옥같은 산상설교입니다. 짧은 내용이지만 예수님은 이 산상설교에서 기도와 관련된 메시지를 많이 전하셨습니다. 하나님의 백성에게 기도는 필수불가결한 것이며, 또한 기도를 모르면 신앙생활이 불가능하기 때문입니다.

　"구하라 그리하면 너희에게 주실 것이요 찾으라 그리하면 찾아낼 것이요 문을 두드리라 그리하면 너희에게 열릴 것이니"(마 7:7)라는 말씀을 읽으면 눈이 번쩍 뜨입니다. 기도하기만 하면 응답하신다니 그렇습니다. 하지만 한편으로 기도해도 응답되지 않는 현실을 보면 이 말씀이 매우 의심스럽습니다.

과연 예수님은 기도하기만 하면 응답하시겠다고, 기도만 하면 아무 문제없다고 말씀하신 걸까요?

> "너희 중에 누가 아들이 떡을 달라 하는데 돌을 주며 생선을 달라 하는데 뱀을 줄 사람이 있겠느냐 너희가 악한 자라도 좋은 것으로 자식에게 줄 줄 알거든 하물며 하늘에 계신 너희 아버지께서 구하는 자에게 좋은 것으로 주시지 않겠느냐"(마 7:9-11).

예수님은 악한 아버지와 하늘의 아버지를 극적으로 대비함으로써 기도 응답에 대한 강력한 의지를 나타내십니다. 그렇다면 우리는 응답하시겠다는 하나님의 약속을 확신해야 합니다. 그럼에도 불구하고 우리는 우리가 구한 대로 성취되지 않는 경험을 너무 많이 했습니다. 주님은 약속하셨지만 현실의 삶에선 성취되지 않으니 이 말씀이 온전히 믿어지지 않는 것입니다.

주님이 응답해 주신다는 약속을 분명히 확신하건만 현실은 왜 이와 다른 겁니까?

> "너희가 악한 자라도 좋은 것으로 자식에게 줄 줄 알거든 하물며 하늘에 계신 너희 아버지께서 구하는 자에게 좋은 것으

로 주시지 않겠느냐"(마 7:11).

예수님은 하나님을 너무나 좋으신 아버지라고 소개하고 있습니다. 하지만 우리는 하나님으로 인한 상처를 갖고 있습니다. 침묵하시는 하나님, 인색하신 하나님, 느긋하신 하나님, 수수방관하시는 하나님, 너무 높으셔서 나의 자잘한 문제는 본체만체하시는 하나님, 너무 멀리 계시는 하나님, 우리의 현실을 너무 모르시는 하나님, 힘들고 어려울 때는 잘 나타나지 않으시는 하나님… 하나님께 섭섭한 마음도 있고 원망하는 마음도 있고 화가 나는 마음도 있습니다.

예수님이 알고 있는 하나님과 우리가 알고 있는 하나님 사이에 괴리가 있습니다. 이유가 무엇입니까?

예수님의 말씀을 가만히 보면 우리로 하여금 하늘의 아버지께 시선을 집중할 것을 요구하고 있습니다. 기도의 내용이 아니라 기도의 대상을 중요하게 여기십니다. 여기서 예수님과 우리 사이에 중요한 차이가 나타나는 것을 알 수 있습니다.

우리의 관심은 하나님이 주실 '어떤 것'에 집중되어 있으나, 예수님의 관심은 '어떤 분'에 집중되어 있습니다.

탕자의 비유에서 큰아들이든 작은아들이든 모두 탕자입니다. 큰아들이 집에 있는 탕자라면 작은아들은 집을 나간 탕자입니다. 그들이 탕자인 이유는 아버지의 존재가 아니라 아버지가 가진 것을 기뻐했기 때문입니다. 이처럼 하나님이 가진 것에만 관심을 가지고 기뻐하면 우리 역시 탕자입니다.

그래서 하나님은 아들이 요구하는 모든 것을 한꺼번에 들어주시지 않습니다. 필요할 때마다 아버지를 찾아오는 수고를 통해 아들이 아버지를 알아 가기를 원하시기 때문입니다. 하나님은 우리가 가진 소유에는 관심이 없으십니다. 다만 우리와의 관계에만 관심이 지대하십니다.

힘들고 어려운 일이 닥쳤을 때 구하고 찾고 두드리면 하나님을 이해하는 폭이 넓어집니다. 하나님이 내가 생각하는 것보다 훨씬 더 좋으신 분임을 경험하게 됩니다. 그러면 하나님과 이전보다 훨씬 친밀해집니다.

하지만 많은 사람들이 하나님을 '아버지'라고 부르지만 정말 친아버지로 여겨서 "아빠"라고 부를 만큼 친근하지는 못합니다. 오히려 의붓아버지처럼 낯설어서 문제가 생겨야 찾아가는 아버지입니다. 문제가 없는 일상에서도 서로 기뻐하고 즐거워하는 관계가 아닙니다. '하나님은 나의 아버지다. 그냥 아버지가 아니라 최고의 아버지다'라고 인정하고 고백할 때 우리 신앙은 차원이 달라집니다.

가장 좋은 선물

마태복음의 "하늘에 계신 너희 아버지께서 구하는 자에게 좋은 것으로 주시지 않겠느냐"(마 7:11)는 예수님의 말씀이 누가복음에는 "너희 하늘 아버지께서 구하는 자에게 성령을 주시지 않겠느냐"(눅 11:13)라고 기록되어 있습니다. 마태복음의 '좋은 것'이 누가복음에선 '성령'으로 되어 있습니다. 우리가 구하고 찾고 두드림으로써 얻는 궁극적인 응답은 '성령'인 것입니다. 이보다 더 좋은 응답은 없다는 뜻입니다.

우리가 구하는 최고의 응답은 '어떤 것'이 아닙니다. '그분'입니다. 하나님의 응답은 이처럼 존재와 존재가 만나는 것입니다.

하나님의 최고의 응답이 성령이라니까 실망하는 사람도 있을 것입니다. 하지만 성령을 온전히 이해하면 실망이 기쁨으로 바뀔 것입니다. 우리가 구하는 것이 겨우 마른 목을 축이는 물에 불과하다면 성령은 결코 마를 일 없는 폭포수와 같기 때문입니다. 우리는 당면한 문제와 어려움을 해결하기 위해 기도의 무릎을 꿇었으나 하나님은 당신 자신을 드러내 보이심으로써 우리를 더 크고 놀라운 세계로 이끌어 가십니다. 하나님 편에선 우리가 당면한 문제란 그저 사소한 것일 뿐입니다.

한국교회의 기도의 열심은 세계가 알아줄 만큼 대단합니다. 그러나 이제는 바른 열심이 필요합니다. 기도는 열심히 하는데 기도의 즐거움과 풍성함은 맛보지 못하기 때문입니다. 기도를 하면 할수록 지경이 깊고 넓어져야 하는데 오히려 그 반대가 되는 경우도 많기 때문입니다. 제가 목회를 하면서 고민하는 것도 그런 것입니다. 신앙생활을 10년 한 사람보다 20년 한 사람이 그 깊이와 넓이가 커져야 하는데 그렇지 못한 것입니다.

이 같은 영적 침체가 한국교회를 뒤덮고 있습니다. 어쩐지 답답하게 갇혀 있는 느낌입니다. 저는 이것이 '어떤 것'에 집중한 기도의 한계라고 봅니다. 열심히 기도해서 영원히 마르지 않는 물을 찾아야 하는데 당장 목이 마른 것을 해갈하는 수준에 만족하니 언제나 목이 마른 것입니다.

하나님의 해법은 '어떤 것'이 아니라 '성령'입니다. 하나님은 우리가 당장에 닥친 문제를 해결하느라 언제나 허둥지둥하는 그리스도인으로 살아가기를 원하시지 않습니다. 몇 가지 은사와 능력으로 다 된 줄로 여기는 근시안적인 그리스도인으로 살아가기를 원하시지 않습니다.

오순절 성령 사건 이후 제자와 성도들의 변화를 주목하십시오. 그들은 그날 이후 어떤 상황에서도 흔들리거나 넘어지지 않는 야성적인 그리스도인이 되었습니다. 뿐만 아니라 세상을 흔들어 놓는 영적 권세를 가지게 되었습니다.

"내가 아버지께 구하겠으니 그가 또 다른 보혜사를 너희에게 주사 영원토록 너희와 함께 있게 하리니"(요 14:16).

십자가를 지시기 전 예수님은 제자들을 위해 최선을 구하는 기도를 하셨습니다. 예수님이 돌아가시기 전에 가장 중요하게 붙잡으신 기도 제목이 바로 보혜사 성령을 구하는 일이었습니다. 부활하여 승천하시기 전에도 예수님은 이 기도 제목을 놓지 않으셨습니다.

"아버지께서 약속하신 것을 기다리라"(행 1:4).

예수님이 승천하신 뒤 제자들이 모이기를 힘쓰며 구하고 찾고 두드린 것도 바로 예수님이 약속하신 '성령'이었습니다. 성령이야말로 하나님이 약속하신 최고의 선물이기에 예수님도 죽음이 임박해서까지 이 기도 제목을 붙드셨고, 제자들도 힘써 구한 것입니다.

결국 성령으로 인해 상상을 초월하는 역사들이 봇물처럼 터졌습니다. 제자들이 달라져서 "은과 금은 내게 없거니와 내게 있는 이것을 네게 주노니"(행 3:6)라고 선포하기 시작했습니다. 환경과 여건이 달라진 게 아니라 그들이 달라졌습니다. 그들에게서 강력한 위력이 나타났습니다.

우리의 간구에 대한 최상의 응답은 성령님입니다. 이것을 믿고 구하십시오. 우리에게서도 강력한 위력이 나타날 것입니다.

기도의 방향은 성령께서 이끄신다

"마음을 살피시는 이가 성령의 생각을 아시나니 이는 성령이 하나님의 뜻대로 성도를 위하여 간구하심이니라"(롬 8:27).

성령께서 하시는 가장 중요한 역할은 우리로 하여금 하나님의 뜻을 알게 하는 것입니다. 열심히 기도하는 것보다 더 중요한 것이 하나님이 원하시는 것을 기도하는 것입니다. 기도할 때 가장 중요한 것은 열심이 아니라 방향입니다.

그런데 이 방향은 성령의 도우심이 없으면 바르게 갈 수 없습니다. 기도는 하나님과 대화하는 것입니다. 그런데 말이 통하지 않으면 10분도 대화를 이어 갈 수 없습니다. 성령께서 도우셔야 하나님과 소통이 단절된 우리가 하나님과 대화할 수 있습니다. 기도가 온전해지는 것입니다. 우리는 마땅히 빌 바를 알지 못하나 성령께서 하나님의 뜻에 맞추도록 우리의 기도를 이끌어 가십니다. 그러므로 내가 구하는 기도가 하나님이 원하시는 기도라는 확신이 들면 응답에 대해선 걱정할 필요가 없습니다.

당면한 어려움이나 고난이 문제가 아닙니다. 이 고난 속에 감춰져 있는 하나님의 뜻을 모르는 것이 문제입니다. 수술 후에 완치될 것을 확신하면 수술의 고통쯤은 아무것도 아닙니다. 문제는 수술 후에도 완치되리라는 확신이 없는 것입니다. 그러면 고통은 끝이 나지 않고 견디기 힘든 것이 됩니다.

> "오직 하나님이 성령으로 이것을 우리에게 보이셨으니 성령은 모든 것 곧 하나님의 깊은 것까지도 통달하시느니라"(고전 2:10).

성령께서 도우시면 하나님의 깊은 것까지 통달할 수 있습니다. 그러니 고난 따위는 아무것도 아니지 않겠습니까?

> "사람의 일을 사람의 속에 있는 영 외에 누가 알리요 이와 같이 하나님의 일도 하나님의 영 외에는 아무도 알지 못하느니라"(고전 2:11).

성령께서 하나님의 일을 알려 주십니다. 성령께서 우리가 당한 어려움과 고난을 해석해 주시면 그 속에 감춰진 하나님의 뜻을 알게 됩니다. 하나님의 뜻을 알면 확신을 가지고 고통을 견딜 수 있습니다. 어려움이나 고난은 문제가 되지 않습니다. 그러므로 우리가 구해야 할 것은 성령입니다.

큰 그림을 알면

인생에서 중요한 것은 큰 그림을 아는 것입니다. 문제와 위기와 어려움은 인생을 사는 동안 끊임없이 닥칠 것입니다. 그러나 내 인생을 위해 그리신 하나님의 큰 그림을 알면 오고가는 사건들 속에서 일희일비하지 않습니다. 결국 내 인생의 그림을 하나님께서 완성하실 것을 확신하면 크고 작은 사건들에 휘둘리지 않습니다.

요셉이 그랬습니다. 요셉은 어렸을 때 이미 하나님이 그리신 자기 인생의 큰 그림을 보았습니다. 요셉이 형들에 의해 보디발의 집에 노예로 팔려 갔을 때 인생이 끝난 것 같았습니다. 모함을 당해 감옥에 갇혔을 때는 이보다 기구한 인생이 없는 것 같았습니다. 하지만 요셉은 보디발의 집을 탈출하는 것이 문제의 해답이 아님을 알았습니다. 감옥에서 탈출하는 것이 해답이 아닌 줄 알았습니다. 하나님께서 어려움이 닥칠 때마다 그에게 큰 그림을 보여 주셨기 때문입니다.

승리한 삶을 산 성경의 인물들은 모두 요셉처럼 큰 그림을 갖고 있었습니다. 여호수아와 갈렙이 가나안에 들어갈 수 있었던 것은 그들이 정탐꾼으로 그 땅에 들어갔을 때 가나안에서 이뤄 가실 하나님의 큰 그림을 보았기 때문입니다. 그들은 가나안 입성 후에도 그 그림을 따라 살아갔습니다.

초등학교에 다니는 아이가 미술 시간에 도화지를 까맣게 색칠했습니다. 다른 것은 하지 않고 오직 수십 장의 도화지를 까맣게 색칠

했습니다. 선생님은 무척 걱정되어 부모를 만나 의논했습니다. 나중에는 정신과 치료까지 받게 했습니다.

그러던 어느 날, 선생님은 우연히 아이의 책상에서 퍼즐 하나를 발견하고 아이에게 문제가 없음을 알았습니다. 아이가 까맣게 색칠한 종이를 한 장씩 펼쳐 보니 고래 그림이 완성된 것입니다. 아이는 어마어마하게 큰 고래 그림의 퍼즐을 만들고 있었던 것입니다.

아이는 고래라는 큰 그림을 그리고 있었을 뿐인데 어른들은 까만 도화지만 보고 아이를 문제아로 본 것입니다.

다윗이 기름 부음을 받았을 때 그에게는 이스라엘 왕이라는 큰 그림이 있었습니다. 다윗은 하나님이 보여 주신 퍼즐을 바라보며 그토록 수많은 고난을 지날 수 있었습니다. 그에게 일어난 모든 사건과 어려움은 퍼즐을 완성하기 위한 조각일 뿐이었던 것입니다.

퍼즐을 맞출 때 큰 그림을 먼저 본 사람은 지금 자신에게 일어난 일이 어떤 조각인지 알 수 있습니다. 퍼즐 조각을 하나씩 맞춰 가면서 하나님의 역사를 확인하게 됩니다. 그래서 고난을 통해 오히려 힘을 얻습니다. 그 조각이 있어야 퍼즐이 완성되기 때문입니다.

요셉에게는 보디발의 집에 들어가 노예생활을 하고 감옥에 들어가는 퍼즐이 있어야 애굽의 총리가 될 수 있었습니다. 요셉이 애굽의 총리가 되는 퍼즐이 있어야 장래 히브리 민족이 태동되어 구원의 역사를 이루어 가는 하나님의 사건이 가능해집니다.

퍼즐 조각이 하나라도 없으면 그림은 완성되지 않습니다. 중요한 것은 하나님이 보여 주신 큰 그림을 보는 것입니다.

성령께서 우리를 이 땅이 아니라 하늘의 뜻 가운데로 인도하십니다. 우리가 기도함으로써 얻는 최고의 응답은 성령을 통하여 하나님의 뜻을 알게 되는 것입니다. 이것이 기도의 열쇠(key)입니다.

큰 그림, 하나님의 뜻을 본 사람은 어려움이 와도 당황하지 않습니다. 이 어려움이 있어야 자신이 본 그림이 완성되는 줄 알기 때문에 그렇습니다. 원망과 불평은 큰 그림을 보지 못한 사람들이나 하는 것입니다. 원망과 불평을 쏟아 놓다 광야에서 죽은 이스라엘의 광야 1세대와 마침내 가나안 땅에 들어간 여호수아와 갈렙의 차이는 하나님이 그려 가실 큰 그림을 아느냐 모르느냐에 있었습니다.

성령이 응답이다

주님이 성령을 선물로 약속하신 이유는 무엇일까요? 구하고 찾고 두드리는 자에게 주시는 성령은 기도의 차원을 다른 세계로 이끕니다.

옛날 가난하던 시절, 많은 사람들이 물에 꽁보리밥을 말아 먹는 것으로 끼니를 때우곤 했습니다. 하지만 물로 배를 채운 격이니 얼마 안 가 다시 배가 고팠습니다. 이처럼 기도하는 순간엔 기쁨이 있고 감사가 있다가 돌아서면 기쁨도 감사도 사라져 버린다면 거기에는 이유가 있음을 알아야 합니다. 마음이 괴로워서 기도하고 예배드리면 당장은 괴로움을 잊고 평안하다가 잠시 후 다시 두려움과 불안에 시달린다면 꽁보리밥을 물에 말아 먹는 끼니와 다르지 않습니다.

구하면 얻고, 찾으면 찾아지고, 두드리면 열린다는 주님의 말씀은 틀림이 없습니다. 그런데 왜 매 순간 허탈하고 허기집니까? 왜 많은 그리스도인들이 신앙생활이 힘들다고 말합니까? 주님은 열심히 기도만 하면 모든 것을 이뤄 주겠다고 하시지 않았습니다. 오해하면 안 됩니다. 열심히가 아니라 주님의 분명한 약속을 붙들어야 합니다.

성령의 도움이 없는 기도는 일방통행(one way)입니다. 나만 열심히 부르짖어 말하고 끝나는 기도입니다. 성령의 인도하심과 성령의 말씀하심을 보지도 듣지도 못하는 것입니다. 그러므로 어려움이나 고난이 해석되지 않고 기도하는 순간만 평안한 것입니다.

자신의 노력으로 신앙생활 하는 사람과 성령의 이끄심으로 신앙생활 하는 사람은 시간이 지날수록 그 격차가 커질 수밖에 없습니다. 누구의 노력으로 신앙생활을 하고 있습니까?

우리가 집중하고 또 집중해야 하는 것은 하나님입니다. 기도는 하나님과의 대화입니다. 대화의 핵심은 화자(話者)입니다. 나와 대화를 나누는 상대가 핵심인 것입니다. 대화의 내용은 부차적인 것입니다.

하나님과 대화를 나누다 보면 내가 가진 문제들이 자연스럽게 다뤄지게 됩니다. 하나님과 친밀하고 깊은 대화가 가능해지면 하나님의 시각으로 내 문제가 조명됩니다. 이때 내가 가진 문제는 아무것도 아니게 됩니다. 하나님의 관점으로, 하나님의 시각으로 문제를 바라보면 문제는 더 이상 문제가 안 되기 때문입니다.

문제는 하나님과 대화하기가 쉽지 않다는 것입니다. 그런데 염려할 것 없습니다. 성령께서 "아무것도 염려하지 마. 틀림없이 좋은 응답을 주실 거야. 거기에 길이 있어. 거기에 문이 열려 있어. 말씀을 봐"라고 그때그때 필요한 말씀을 주시기 때문입니다. 성령에 대한 이해와 경험이 쌓일수록 새로운 세계가 열립니다.

예수님이 "구하는 자에게 성령을 주시지 않겠느냐"고 말씀하셨습니다. 이는 우리가 성령으로 인하여 이전과는 전혀 다른 삶을 살 것이라는 약속의 말씀입니다. 예수님을 믿는 우리는 이미 성령을 모시고 살고 있습니다. 우리 안에 계신 성령께서 우리가 구하는 모든 기도에 응답하실 것이므로 성령을 찾기만 하면 됩니다. 성령은 우리를 돕기 위해 존재하시는 분입니다.

무엇을 간절히 구하겠습니까? 성령을 구하시기 바랍니다. 성령의 충만함을 갈망하시기 바랍니다. 무슨 일을 당해도 우리 안에 계신 성령의 도움을 받으면 길이 열립니다.

기도는 신앙의 거대한 광맥입니다. 기도를 통해 영성이 깊어집니다. 중요한 것은 성령과 함께하는 기도입니다. 무조건 반복적으로 구하고 찾기만 하는 기도가 아니라 성령을 경험하는 기도가 되어야 합니다. '내 힘과 노력으로'가 아니라 '성령의 힘으로' 기도의 세계로 들어가면 거대한 물줄기를 만나게 됩니다. 겨우 목을 축이는 한 컵의 물이 아닙니다.

아버지가 내미신 최고의 카드, 완벽한 응답인 성령과 함께 신앙의 날개를 다십시오. 우리 안에 계셔서 영원히 우리를 떠나지 않는 성령께서 역사하게 하십시오. 그러면 세상이 감당하지 못하는 하나님의 백성이 될 것입니다.

"내게 능력 주시는 자 안에서 내가 모든 것을 할 수 있느니라"(빌 4:13).

바울이 경험한 신령한 세계가 우리에게도 열려 있습니다. 내 안에 계신 성령의 도우심을 따라 살아가면 됩니다. 성령은 내가 구한 것과는 비교도 되지 않는 은혜의 세계로 우리를 이끌어 주십니다.

기독교는 먼 미래에 다가올 행복을 위해 오늘의 고통을 억지로 참아 내는 종교가 아닙니다. 기독교는 오늘 항상 기뻐하고 감사하는 삶을 사는 것입니다. 우리가 처한 환경이나 조건에 상관없이 성령이 공급하시는 기쁨과 감사를 누리며 사는 것입니다.

그리스도인은 누구입니까?

"무릇 하나님의 영으로 인도함을 받는 사람은 곧 하나님의 아들이라"(롬 8:14).

성령의 인도를 받는 사람이 그리스도인입니다. 어떻게 인도함을 받습니까? 다양한 길이 있지만 가장 뚜렷한 것은 기도를 통해 인도함을 받는 것입니다. 성령의 인도함을 받아 기도하는 것이 무엇입니까? 쉬지 않고 기도하는 것입니다.

우리는 문제가 생기면, 위기가 닥치면 '어떤 것'을 얻으려고 기도합니다. 그런 기도는 성령의 인도하심과 상관없는 기도입니다. 당연히 하나님의 뜻과도 상관없는 기도입니다. 그렇기에 그런 기도는 지속되기 어렵습니다.

새벽에만 기도합니까? 특별새벽기도에만 기도합니까? 교회에서만 기도합니까? 언제든 어디서든 쉬지 말고 기도하십시오. 성령의 인도를 받으면 쉬지 않고 기도할 수 있습니다.

> "내가 떠나가는 것이 너희에게 유익이라 내가 떠나가지 아니하면 보혜사가 너희에게로 오시지 아니할 것이요 가면 내가 그를 너희에게로 보내리니"(요 16:7).

우리의 보혜사이신 예수님은 부활 승천하시기 전에 "또 다른 보혜사를 너희에게 보내겠다"면서 이같이 말씀하셨습니다.

구하고 찾고 두드리는 자에게 성령 이상의 최고의 선물은 없습니다. 문제가 있어서 기도하고 있다면, 고난 때문에 기도하고 있다면, 먼저 성령을 구하십시오. 성령의 인도하심과 도우심을 구하십시오. 성령을 깊이 경험하기를 구하십시오. 성령께서 찾아오셔서 우리의 기도에 물꼬를 터 주시고, 의문투성이인 삶을 조명해 주셔서 하나님의 큰 그림을 보여 주시기를 구하십시오. 성령은 우리의 눈을 뜨게 하시고, 하늘의 비밀을 깨닫게 하시고, 우리 삶의 모든 계획과 목적을 알려 주십니다.

내 뜻대로, 내 욕심대로, 내 중심으로 살고자 하는 옛사람을 버리고 성령의 임재로 살아가는 새사람을 구하면 반드시 예수님이 약속하신 성령을 선물로 받을 것입니다.

고난은 큰 그림을 완성하기 위한 퍼즐 조각입니다. 요셉과 다윗과 성경의 모든 인물에게 그러셨듯이 하나님은 우리에게도 큰 그림을 보여 주기 원하십니다. 지금 하고 있는 일, 공부, 계획, 혹은 고난이나 어려움은 이 큰 그림을 완성하기 위한 퍼즐 조각입니다. 성령의 도우심으로 하나님의 원대한 계획과 뜻을 알면 우리 삶에서 거룩한 역사가 일어나게 될 것입니다.

신앙생활은 내 힘으로 할 수 없습니다. 하나님의 영의 인도함을 받아야 합니다. 성령을 받으면 기도 응답은 끝난 것입니다. 성령이 최고의 응답이기 때문입니다. 성령으로 인해 감춰진 하늘의 비밀이 드러나고 내 삶이 승리로 장식될 것이기 때문입니다.

Part 2

기도의 습관

기도가 삶이다

¹⁴ 이에 그들이 제자들에게 와서 보니 큰 무리가 그들을 둘러싸고 서기관들이 그들과 더불어 변론하고 있더라 ¹⁵ 온 무리가 곧 예수를 보고 매우 놀라며 달려와 문안하거늘 ¹⁶ 예수께서 물으시되 너희가 무엇을 그들과 변론하느냐 ¹⁷ 무리 중의 하나가 대답하되 선생님 말 못하게 귀신 들린 내 아들을 선생님께 데려왔나이다 ¹⁸ 귀신이 어디서든지 그를 잡으면 거꾸러져 거품을 흘리며 이를 갈며 그리고 파리해지는지라 내가 선생님의 제자들에게 내쫓아 달라 하였으나 그들이 능히 하지 못하더이다 ¹⁹ 대답하여 이르시되 믿음이 없는 세대여 내가 얼마나 너희와 함께 있으며 얼마나 너희에게 참으리요 그를 내게로 데려오라 하시매 ²⁰ 이에 데리고 오니 귀신이 예수를 보고 곧 그 아이로 심히 경련을 일으키게 하는지라 그가 땅에 엎드러져 구르며 거품을 흘리더라 ²¹ 예수께서 그 아버지에게 물으시되 언제부터 이렇게 되었느냐 하시니 이르되 어릴 때부터니이다 ²² 귀신이 그를 죽이려고 불과 물에 자주 던졌나이다 그러나 무엇을 하실 수 있거든 우리를 불쌍히 여기사 도와주옵소서 ²³ 예수께서 이르시되 할 수 있거든이 무슨 말이냐 믿는 자에게는 능히 하지 못할 일이 없느니라 하시니 ²⁴ 곧 그 아이의 아버지가 소리를 질러 이르되 내가 믿나이다 나의 믿음 없는 것을 도와주소서 하더라 ²⁵ 예수께서 무리가 달려와 모이는 것을 보시고 그 더러운 귀신을 꾸짖어 이르시되 말 못하고 못 듣는 귀신아 내가 네게 명하노니 그 아이에게서 나오고 다시 들어가지 말라 하시매 ²⁶ 귀신이 소리 지르며 아이로 심히 경련을 일으키게 하고 나가니 그 아이가 죽은 것같이 되어 많은 사람이 말하기를 죽었다 하나 ²⁷ 예수께서 그 손을 잡아 일으키시니 이에 일어서니라 ²⁸ 집에 들어가시매 제자들이 조용히 묻자오되 우리는 어찌하여 능히 그 귀신을 쫓아내지 못하였나이까 ²⁹ 이르시되 기도 외에 다른 것으로는 이런 종류가 나갈 수 없느니라 하시니라

마가복음 9:14-29

기도가 삶이 되게 하라

거친 풍랑이 일 때 맥을 못 추고 뒤집어지는 배가 있는가 하면 파도에 맞서 거침없이 나아가는 배도 있습니다. 피상적으로 보면 그 비결을 알 수 없지만, 관심을 가지고 살피면 숨겨진 비밀이 있습니다.

마가복음 9장 14-29절은 예수님이 영광스런 모습으로 변화된 변화산 사건 이후에 일어난 일입니다. 예수님과 몇몇 제자가 산에서 영광으로 충만한 가운데 있는 동안, 산 아래에서는 안타까운 일들이 벌어지고 있었습니다.

어떤 사람이 귀신 들린 아들을 데려와서 예수님의 제자들에게 고쳐 달라고 했는데, 제자들이 고치지 못해서 쩔쩔매고 있었습니다. 나

중에 예수님이 오셔서 그 사람의 아들을 고쳐 주자 제자들이 "우리는 어찌하여 능히 그 귀신을 쫓아내지 못하였나이까" 하고 물었습니다. 그때 예수님은 이렇게 대답하셨습니다.

"기도 외에 다른 것으로는 이런 종류가 나갈 수 없느니라"(막 9:29).

예수님이 이렇게 말씀하신 의도가 무엇일까요? 제자들이 귀신을 쫓을 때 기도하지 않았다는 뜻일까요? 명색이 예수님의 제자들인데 설마 기도하지 않았을까요? 그 진위는 알 수 없으나 귀신 들린 아이가 소란을 피우는 와중이었으니 그저 자기 힘으로 쫓으려 하지는 않았을 것입니다. 그렇다면 예수님은 왜 이렇게 말씀하셨을까요?

예수님의 이 말씀은 제자들이 귀신을 쫓을 때 기도하지 않았다는 뜻이 아니라 평소에 기도하지 않았다는 뜻일 것입니다. 평소에 기도로 무장하고 준비된 삶을 살고 있을 때 기도를 통해 능력이 나타난다는 의미일 것입니다.

많은 사람들이 문제가 생겨서야 기도합니다. 그런데 이때는 이미 늦은 것입니다. 물론 문제가 생겼을 때 기도하지 않는 것보다 기도하는 것이 더 낫습니다. 그렇지만 충분하지 않습니다.

예수님은 어땠습니까? 예수님은 하나님의 아들이지만 습관에 따라 기도하셨습니다. 그러므로 "기도 외에 다른 것으로는 이런 종류가 나갈 수 없느니라"는 말씀은 평소에 기도하지 않는 삶이 얼마나 무력한가를 지적하시는 말씀입니다.

평소에 기도하는 사람은 문제가 생겼을 때 당황하지 않고 기도로 해결해 나갑니다. 그리고 그 기도에 능력이 있습니다. 하지만 그렇지 않은 사람은 문제 앞에서 기도하지 않거니와 설사 기도한다 해도 능력이 없습니다. 문제가 터졌을 때 반응하는 것이 나쁜 것은 아닙니다. 하지만 평소에 기도로 늘 준비한 사람에게 있는 능력은 없습니다.

많은 믿는 자들이 기도가 중요하다는 걸 알면서도 평소에 기도하지도 않고 꾸준히 기도하지도 않습니다. 대개 문제가 생겨야 무릎을 꿇습니다.

왜 기도하는가?

평소 기도로 준비해야 하는 이유가 무엇입니까?

첫째, 원수의 공격이 예고 없이 오기 때문입니다.

우리가 기억해야 할 것은 마귀는 항상 공격 준비를 하고 있다는 사실입니다. 모든 문제는 예고 없이 다가옵니다. 언제 어디서 무슨 일이 일어날지 우리는 알 수 없습니다. 그래서 평소에 영적 긴장감을 가지고 준비해야 합니다. 넘어지는 것은 한순간입니다. 사탄은 우리의 약점을 정확하게 알고 있어서 시의적절한 때 적시타를 날립니다. 그래서 예수님은 "시험에 들지 않게 깨어 기도하라"(마 26:41)고 말씀하셨습니다.

둘째, 내 힘으로 이길 수 없는 악의 세력이 있기 때문입니다.

내 힘과 능력으로 모든 것을 감당할 수 있다면 기도할 필요가 없습니다. 하지만 한계가 많은 우리는 생각보다 아주 많은 일에 내 힘이 통하지 않는다는 걸 잘 압니다. 그래서 기도해야 합니다.

제자들은 갑작스런 실력 테스트를 받고 실패하고 말았습니다. 귀신들의 방해와 소란에 꼼짝없이 당했습니다. 그들은 자기 힘으로 제어하기 힘든 영적 실체를 만난 것입니다. 믿는 자를 도탄에 빠뜨리고 불행하게 만드는 것을 사명으로 여기는 영적 실체가 있습니다. 이 사실을 무시해선 안 됩니다. 하나님의 백성은 이 땅에서 사는 날 동안 끊임없이 영적 대결을 해야 합니다. 그 대결에서 지면 죽습니다. 우리의 싸움은 혈과 육의 싸움이 아니기 때문에 영적 실력을 갖춰야 합니다.

기도하지 않는 사람은 기도할 필요를 느끼지 못하기 때문에 기도하지 않습니다. 지금 자신이 처한 삶의 현장이 얼마나 심각한지, 자신의 실상이 어떤지 모르기 때문입니다. 그래서 현실을 직시하는 사람은 기도하지 않을 수 없습니다. 자기의 실상을 아는 사람은 기도하지 않을 수 없습니다.

이스라엘 백성이 계속해서 실패한 이유는 영적 불감증(不感症) 때문입니다. 하나님의 수없는 경고에도 자각하지 않는 영적 불감증이 늘 그들을 위험에 빠뜨렸습니다.

우리가 망하는 이유도 영적 불감증 때문입니다. 하나님은 이스라엘 백성에게 그랬듯이 지금도 수없는 경고 메시지를 보내고 있습니다. 기도하지 않는 사람은 그 메시지를 듣고도 '괜찮다' 하며 무시해서이거나 아예 그 메시지를 듣지 못해서이거나 둘 중 하나입니다.

우리가 사는 세상을 직시하면 기도하지 않을 수 없습니다. 귀신에 사로잡힌 아이가 거꾸러지고, 거품을 흘리고, 물과 불에 넘어지고, 파리해진 사람들이 도처에 있습니다. 악한 영의 포로가 된 이들입니다. 사탄이 이들을 희롱하며 기뻐 춤을 추는데 어떻게 기도하지 않을 수 있겠습니까?

'기도에 능력이 있다'는 말을 풀어 보면 '지속적인 기도생활이 능력을 나타낸다'고 할 수 있습니다. 지속적인 기도생활이 관건입니다.

능력 있는 기도의 비밀

찰스 스펄전(Charles Haddon Spurgeon) 목사는 "짧지만 강력한 기도를 할 수 있는 것은 오랜 기도가 쌓여야 가능하다"고 말했습니다. 어떤 사람은 한마디 했을 뿐인데 그대로 성취됩니다. 오랜 기도의 축적이 능력으로 나타난 것입니다.

오랫동안 기도가 축적된 사람의 기도는 소리치지 않아도 응답됩니다. 기도의 능력은 소리의 크기와 상관이 없습니다.

우리가 실패하는 이유는 기도하지 않기 때문이 아니라 지속적으로 기도하지 않기 때문입니다.

"우리는 오로지 기도하는 일과 말씀 사역에 힘쓰리라"(행 6:4).

제자들은 이 비밀을 알아서 오로지 기도하는 일과 말씀 사역에 힘썼습니다. 마가의 다락방에서 성령이 임한 사건도 모이기를 힘쓰며 기도했기에 능력이 나타난 것입니다.

꾸준히 기도하는 것이 바로 순종입니다. 한 번 순종해서 순종하는 실력이 생기는 것이 아닙니다. 여러 번 순종하기를 힘쓸 때 어느 날 진가를 발휘하게 됩니다. 기도도 마찬가지입니다.

일반적으로 교회가 특별새벽기도회를 열면 기도의 열기가 한순간에 뜨거워집니다. 하지만 그 기간이 끝나면 곧 열기가 식는 것을 보게 됩니다. 특별새벽기도회를 하는 이유는 매일새벽기도회가 되기 위해서입니다. 특별한 날에만 기도하는 것이 아니라 매일 기도하는 습관을 들이기 위한 것입니다.

기도는 사역이 아니라 삶이어야 합니다. 특별새벽기도회가 매일

새벽기도가 되지 않으면 이벤트가 되고 사역이 되는 것입니다.

> "믿음이 없는 세대여 내가 얼마나 너희와 함께 있으며 얼마나 너희에게 참으리요 그를 내게로 데려오라"(막 7:19).

주님은 '믿음이 없는 세대'라고 질타하십니다. 한두 명이 믿음이 없다는 게 아니라 전체가 믿음이 없다고 지적하신 것입니다. 그런데 '믿음이 없다'는 말은 '기도가 없다'는 말과 같습니다.

그러면서 예수님은 "할 수 있거든이 무슨 말이냐 믿는 자에게는 능히 하지 못할 일이 없느니라"(막 9:23)고 말씀하셨습니다. 믿음의 기도는 능력이 있다는 말씀입니다.

기도의 위력은 성경에서 이미 충분히 입증되었습니다. 엘리야의 기도는 하늘에서 불이 내려오게 했고 사르밧 과부의 아들을 살렸습니다. 모세의 기도로 하나님이 이스라엘 백성을 향한 진노를 거두셨습니다. 오늘날에도 기도의 위력은 대단합니다. 영국의 메리 여왕은 "나는 수십만의 군대보다 존 녹스(John Knox)의 기도가 더 두렵다"고 말했습니다.

기도의 능력을 정말 믿습니까? 기도의 능력을 경험하고 있습니까? 기도를 통해 영적인 능력을 회복하기를 바랍니다.

기도는 구하기 위해 하는 것이 아니다

그런데 '기도는 구하는 것이고, 기도하면 응답 받을 것이다'가 강조되다 보니 기도에 대한 오해가 있는 것 같습니다. 물론 '구하면 주신다'가 틀렸다는 것은 아닙니다. 문제는 이것만 강조되다 보니 구할 것이 있을 때만 기도하는 것으로 잘못 이해하고 있다는 점입니다. 이 때문에 한국교회의 기도가 예전만 못한 게 아닌가 싶습니다. 먹고살기 힘들 때 한국교회는 기도의 열정이 정말 뜨거웠습니다. 그러나 물질적으로 여유가 생기자 기도하지 않게 되었습니다. 구할 것이 별로 없다고 생각하게 된 것일 수 있습니다.

기도는 생존의 도구가 아닙니다. 문제가 있어야 기도하는 잘못된 행태를 바로잡아야 합니다.

예수님은 삶 자체가 기도였습니다. 문제가 있든지 없든지 평안할 때든지 그렇지 않을 때든지 언제나 기도하셨습니다. 기도는 상황을 바꾸기 위해 하는 것이 아니라 그 상황을 바라보고 인지하는 나를 바꾸기 위한 것입니다. 이것을 하시는 이가 하나님입니다. 따라서 기도하면 하나님을 알아 가게 됩니다. 하나님의 일하심을 경험하게 됩니다. 하나님을 더욱더 사랑하게 됩니다.

전쟁 중에는 믿지 않는 사람들도 기도합니다. 위기를 만나면 모두 기도의 사람이 됩니다. 그러나 문제가 해결되면 기도를 멈춥니다. 기도를 멈춘다는 것은 하나님과 상관없는 사람이 된다는 뜻입니다. 그러므로 믿는 자는 기도를 멈추지 않습니다. 기도하십니까? 문제가 있든지 없든지 평안할 때든지 그렇지 못할 때든지 기도하고 있습니까? 그렇지 않다면 믿지 않는 자와 다를 바가 없습니다.

그런데 기도는 쉽지 않습니다. 새벽기도도 한두 달은 할 만한데 계속하기가 쉽지 않습니다. 오죽하면 "새벽기도만 없으면 목회할 만하다"고 말하는 목사님도 있겠습니까? 기도가 이처럼 힘든 이유는 그것이 우리의 본성을 거스르는 일이기 때문입니다. 사람은 하나님을 떠나 자기 힘으로 살고자 합니다. 그러다 궁지에 몰리고 상황이 악화되어 더 이상 기댈 곳이 없을 때 마지막으로 하나님을 찾습니다. 그것이 죄인된 인간의 속성입니다.

한편, 기도가 힘든 이유 중 하나는 기도 가운데 하나님을 경험하지 않았기 때문입니다. 기도하는 가운데 하나님이 누구신지를 밝히 알게 되고 그분의 일하심에 감탄하게 되고 그분과 동역하는 즐거움에 참여하게 되면 누가 시키지 않아도 기도하고 싶습니다. 기도하는 게 어렵지 않게 됩니다.

영적인 능력은 오직 하늘로부터 임합니다. 어떤 노하우가 있는 게 아닙니다. 오직 하나님 앞에 끊임없이 엎드리는 것 외에는 영적인 능력이 임하는 방법이 없습니다. 하나님이 그분의 능력을 우리에게 주시지 않으면 우리는 아무것도 아닌 존재입니다.

그런데도 이 시대는 기도하지 않습니다. 기도하더라도 마지막에 마지못해 합니다. 청년들이 결혼하기 전까지는 열심히 기도합니다. 그러다 결혼하고 나면 기도하지 않습니다. 사업을 시작하기 전까지는 열심히 기도합니다. 그런데 사업을 시작하고 나면 기도하지 않습니다. 결혼생활 하느라, 사업하느라 분주한 까닭입니다. 그런데 이때부터 문제가 생기기 시작합니다.

사업을 준비할 때만 기도하지 말고 사업하는 중에도 기도해야 합니다. 상황이 좋지 않을 때만 기도하지 말고 상황이 좋을 때도 기도해야 합니다. 교회 안에서만 기도하지 말고 교회 밖에서도 기도해야 합니다. 큰일을 할 때만 기도하지 말고 아주 작은 일을 할 때도 기도해야 합니다.

말씀을 읽을 때도, 찬양을 할 때도 기도해야 합니다. 아무 일을 하지 않을 때도 기도해야 합니다. 우리의 영혼이 하나님을 향해 늘 깨어 있어야 합니다.

평소에 기도하십시오. 평소에 기도하는 것이야말로 사탄을 결박하기 위해 선수(先手)를 치는 일입니다. 다가오는 문제를 대비하는 일입니다. 사탄은 3개월 전, 6개월 전, 1년 전부터 계획을 세워서 공격하는데, 우리는 문제가 터져서야 겨우 기도한다면 승산이 없습니다. 늘 깨어 기도하신 주님은 사탄의 어떤 공격에도 늘 이기셨고 이 땅을 지혜롭고 강력하게 살아가셨습니다.

우리 삶이 하나님과 분리될 수 없다는 걸 믿는다면, 기도 역시 우리 삶과 분리될 수 없다는 걸 믿으시기 바랍니다. 기도하는 삶은 수세에 몰린 삶이 아니라 공격적인 삶이요, 문제를 더 이상 문제되지 않게 하고 오히려 문제를 통하여 위대한 하나님의 역사를 체험하는 삶임을 기억하시기 바랍니다.

   한때 열심히 기도하는 것으로 그치지 말고 생명 다하는 날까지 기도하십시오. 우리는 하나님의 능력이 반드시 필요한 존재입니다.

⁸ 그때에 아말렉이 와서 이스라엘과 르비딤에서 싸우니라 ⁹ 모세가 여호수아에게 이르되 우리를 위하여 사람들을 택하여 나가서 아말렉과 싸우라 내일 내가 하나님의 지팡이를 손에 잡고 산 꼭대기에 서리라 ¹⁰ 여호수아가 모세의 말대로 행하여 아말렉과 싸우고 모세와 아론과 훌은 산 꼭대기에 올라가서 ¹¹ 모세가 손을 들면 이스라엘이 이기고 손을 내리면 아말렉이 이기더니 ¹² 모세의 팔이 피곤하매 그들이 돌을 가져다가 모세의 아래에 놓아 그가 그 위에 앉게 하고 아론과 훌이 한 사람은 이쪽에서, 한 사람은 저쪽에서 모세의 손을 붙들어 올렸더니 그 손이 해가 지도록 내려오지 아니한지라 ¹³ 여호수아가 칼날로 아말렉과 그 백성을 쳐서 무찌르니라 ¹⁴ 여호와께서 모세에게 이르시되 이것을 책에 기록하여 기념하게 하고 여호수아의 귀에 외워 들리라 내가 아말렉을 없이하여 천하에서 기억도 못 하게 하리라 ¹⁵ 모세가 제단을 쌓고 그 이름을 여호와 닛시라 하고 ¹⁶ 이르되 여호와께서 맹세하시기를 여호와가 아말렉과 더불어 대대로 싸우리라 하셨다 하였더라

출애굽기 17:8-16

기도의 손을 내리지 말라

　신앙생활은 전쟁을 치르는 것과 같습니다. 출애굽기 17장을 보면, 앞에서는 물 문제로 인해 내부적인 전쟁을 치르더니, 뒤에서는 외부의 적인 아말렉과 전쟁을 치르는 내용이 나옵니다. 아말렉과의 전쟁은 이스라엘 백성이 외부와 치른 첫 번째 전쟁이었습니다. 신앙생활을 하면서 겪는 전쟁은 이렇듯 우리 안에서 일어나는 것도 있고 외부에서 일어나는 것도 있습니다.

　아말렉 족속은 야곱의 형 에서의 후손들, 즉 에돔 족속입니다. 아말렉 족속은 출애굽하여 가나안으로 가는 이스라엘 민족을 방해했을 뿐 아니라 가나안에 들어가서도 끊임없이 괴롭혔습니다. 그런 점에서 이 아말렉은 오늘날 우리의 믿음을 끊임없이 고꾸라뜨리며 어려움을 주는, 그래서 반드시 극복해야 할 대상이라고 할 수 있습니다. 이 아말렉을 극복하기 전에는 평화로울 날이 없습니다. 개인의 삶도 그렇고 교회도 그렇고 이제 평안해질 만하면 문제가 터져서 넘어지게 하는 일이 참 많습니다. 그래서 우리는 단순한 순례자가 아니라 전쟁을 치르며 나아가는 순례자들입니다. 크고 작은 전투를 치르며 나아가야 하므로 한순간도 마음을 놓을 수 없습니다.

전쟁은 지면 비참해지고 이기면 기쁨이 있습니다.

구원 받은 뒤

마틴 로이드 존스(Martyn Lloyd Jones) 목사님은 "현대 교회는 병원과 같은 모습을 하고 있다"고 말했는데, 이는 늘 아픈 환자들을 치유하는 데 급급한 현대 교회의 모습을 지적한 말입니다. 가만히 보면, 아픈 사람은 늘 아픕니다. 늘 약봉지를 들고 다니며 골골합니다. 병원 신세를 벗어나려면 운동장에서 강한 군사 훈련을 받아야 합니다.

성경은 교회를 군인들이 전쟁을 치르기 위해 모인 막사(幕舍), 병영(兵營) 같은 곳으로 소개하고 있습니다. 그리고 믿는 우리는 전사(戰士), 군대로 표현하고 있습니다. 믿는 사람은 상처를 치유하느라 급급한 환자가 아니라 강한 군사로 살아야 하는 것입니다.

이스라엘 백성은 출애굽하여 광야를 지나는 지금까지 전쟁을 한

적이 없습니다. 또 전쟁을 할 필요가 없었습니다. 하나님이 홍해를 가르시고 마라의 쓴물에서 단물이 나오게 하시고 만나와 메추라기로 먹이셨기 때문입니다.

> "너희는 두려워하지 말고 가만히 서서 여호와께서 오늘 너희를 위하여 행하시는 구원을 보라 너희가 오늘 본 애굽 사람을 영원히 다시 보지 아니하리라 여호와께서 너희를 위하여 싸우시리니 너희는 가만히 있을지니라"(출 14:13-14).

하나님이 모든 문제를 처리하셨으므로 백성은 그저 가만히 있으면 되었습니다. 그런데 이제부터는 가만있으면 안 됩니다. 출애굽은 구원이라 할 수 있습니다. 그러나 광야에 들어선 뒤로는 직접 싸워서 승리를 얻어야 합니다. 실제로 이스라엘 백성은 가나안으로 들어가는 길에 수많은 전쟁을 치러야 했습니다.

구원 받은 후 풍성한 삶을 살고 있다면 그것은 싸움을 통해 승리했기 때문입니다. 매일의 삶에서 죄와 싸워 승리해서 얻은 풍성함입니다. 우리를 계속해서 공격하는 사탄의 세력과 죄의 세력을 꺾고 이겨야 하나님의 백성으로서 이 땅에서 풍성한 삶을 누릴 수 있습니다.

영적 전쟁의 모형

출애굽기 17장 9-10절을 보면 모세가 아말렉과의 전투에서 취한 두 가지 모습이 나타납니다. 하나는 여호수아를 군대 지휘관으로 삼아 전쟁으로 보낸 것이고, 다른 하나는 모세가 산에 올라 기도한 것입니다. 여기서 여호수아의 이름이 처음으로 등장합니다.

여기서 우리는 전쟁에 나가서 싸우는 일과 기도하는 일 모두가 중요함을 배우게 됩니다. 모세는 이 두 가지를 분리시키지 않았습니다. 우리가 직접 해야 할 일이 있고, 하나님께 부탁할 일이 있는 것입니다.

그런데 자신은 아무것도 하지 않고 기도만 하는 사람이 있습니다. 자신이 해야 할 일은 전혀 하지 않고 하나님의 도움만 구하는 사람입니다. 반면에 기도는 하지 않고 자기 힘으로 다 하려는 사람이 있습니다. 기도하는 것은 무능하기 때문이라고 생각하는 사람입니다.

교회도 마찬가지로 "교회의 부흥은 하나님의 손에 있다"면서 아무 것도 하지 않는 교회가 있습니다. 반면에 하나님께 기도하지 않고 온갖 프로그램을 동원해 부흥을 꾀하는 교회가 있습니다. 모두 모세에게서 배워야 하는 사람들이며 교회들입니다.

직장을 다니든 사업을 하든 당연히 맡겨진 일을 열심히 해야 하지만 기도도 열심히 해야 합니다. 공부하는 학생도 주어진 의무인 공부를 열심히 하면서 기도도 열심히 해야 합니다. 그래야 아말렉과 만났을 때 승리할 수 있고, 균형 잡힌 신앙생활을 할 수 있습니다. 이것이 영적 전쟁의 모형입니다.

> "모세가 손을 들면 이스라엘이 이기고 손을 내리면 아말렉이 이기더니"(출 17:11).

아말렉과 이스라엘이 밀고 밀리는 접전을 하고 있습니다. 이때 관건은 모세가 손을 들고 기도하느냐 그렇지 않느냐입니다. 손을 들고 기도한다는 것은 '항복'을 의미합니다. "하나님, 나로서는 할 수 없습니다. 모든 것은 주님께 달려 있습니다. 승리는 주님께 있습니다"라고 고백하는 것입니다.

모세는 지금 전쟁터에서 멀리 떨어진 산 위에 있습니다. 그러나 보이지 않는 곳에 있는 그로 인해 전쟁의 승패가 갈립니다. 우리는 이를 통해 눈에 보이지 않는 것이 눈에 보이는 영역을 결정한다는 사실을 배우게 됩니다. 또한 눈에 보이는 싸움이 있듯이 눈에 보이지 않는 싸움도 있음을 배우게 됩니다.

여기서 산꼭대기는 기도의 장소를 말합니다. 모세는 보이지 않는 곳을 향하여 손을 들었습니다. 보이지 않는 곳을 향하여 손을 드는 행위를 통해 보이는 영역의 일을 결정하고 있습니다. 이것이 기도의 힘입니다.

전쟁터에는 여호수아가 있지만 모세의 기도 없이는 전쟁을 이길 수 없습니다. 눈에 보이는 사역이 가능한 것은 눈에 보이지 않는 곳에서 하는 기도 때문입니다.

E. M. 바운즈(Bounds)가 "기도는 전투를 준비하기 위한 것이 아니라 전투 그 자체다"라고 말했듯이, 모든 사역의 중심에는 기도가 있어야 합니다. 좀 더 정확하게 말하면 중보기도입니다. 여호수아가 전쟁터에서 승리할 수 있었던 것은 산꼭대기에서 모세가 중보기도했기 때문입니다. 전쟁에서 승리하려면 반드시 기도의 자원이 있어야 합니다.

기도의 손을 내리지 말라

"모세의 팔이 피곤하매"(출 17:12).

그런데 기도는 힘이 듭니다. 모세도 기도하면 승리하는 줄 알았지만 피곤해서 팔을 내려야 했습니다. 기도는 요식행위로 할 수 있는 것이 아닙니다. 모세는 죽기 직전까지도 기력이 쇠하지 않은 젊은이와 같은 힘을 가진 사람이었습니다. 그런 그가 지금 팔이 피곤하다고 합니다.

"모세가 죽을 때 나이 백이십 세였으나 그의 눈이 흐리지 아니하였고 기력이 쇠하지 아니하였더라"(신 34:7).

전쟁터에서 칼을 들고 싸우는 여호수아가 피곤했다는 말은 없습니다. 이처럼 전쟁에서 싸우는 것보다 기도하는 것이 훨씬 힘든 싸움입니다. 많은 사람들이 기도가 이렇게 힘들다는 사실을 간과하는 까닭에 기도하는 일에 실패합니다.

많은 사람들이 기도합니다. 그런데 왜 실패합니까? 왜 역사가 일어나지 않습니까? 기도의 팔을 내렸기 때문입니다.

피곤하다고 기도를 그만두면 안 됩니다. 기도하는 손을 내리는 순간 싸움에서 지고 맙니다.

기도했다면 끝장을 내야 합니다. 승리할 때까지 기도하는 팔을 내리지 말아야 합니다. 기도의 근성이 필요한 것입니다. 세상에 만만한 인생이 없으므로 누구든지 기도의 팔을 내리면 안 됩니다.

한국교회 중에 기도하지 않는 교회는 없습니다. 그럼에도 기도의 동력(動力)은 매우 약해졌습니다. 피곤해서 기도하지 않고 바빠서 기도하지 않기 때문입니다. 생사가 걸린 기도를 포기하는 순간 패배하게 됩니다.

한국교회의 철야기도가 다시 살아나야 합니다. 밤을 새워 기도하는 야성을 회복해야 합니다. 아무리 망가졌다 해도 밤을 새워 기도하는 야성을 회복하면 한국교회는 살아날 것이라 믿습니다. 어디 교회

뿐이겠습니까? 믿는 사람도 마찬가지입니다. 믿는 자 한 사람 한 사람을 살리고 이웃을 살리고 교회를 살리고 나라와 민족을 살리고 세계열방을 살리는 길은 승리의 깃발을 꽂을 때까지 기도하는 것입니다. 죽어 가는 모든 것을 살리는 길은 기도밖에 없습니다.

기도회에 참여만 하는 것으로는 안 됩니다. 기도회에 백 번 참여하는 것이 참여하지 않는 것보다 낫겠지만, 그것만으로는 전쟁을 이길 수 없습니다. 기도에 불이 붙어서 기도의 손이 내려가지 않아야 전쟁에서 이길 수 있습니다.

"기도는 우리 영혼의 체육관(gymnasium)이다"라는 말이 있습니다. 올림픽에 출전하는 선수들이 체육관에서 땀을 흘리는 것과 마찬가지로 땀을 흘려 기도해야 한다는 뜻입니다.

기도는 전투입니다. 기도의 처소(處所)는 보이지 않는 전쟁터입니다. 여기서 모든 전쟁의 승패가 좌우됩니다.

겟세마네 동산에서 땀방울이 핏방울이 되도록 기도하신 주님의 모습이 그러했습니다. 겟세마네 동산은 예수님이 기도하신 자리이자 로마와 유대의 지도자들이 단합하여 예수 그리스도를 십자가에 매달아 죽이려고 총공세를 펼치던 최고의 격전지였습니다.

주님은 이곳에서 목숨을 걸고 기도하셨습니다. 얼마나 오랫동안 기도했는가가 중요한 것이 아니라 기도에 승부를 거는 것이 중요합니다. 예수님은 겟세마네 동산에서 이미 승리를 거두셨던 것입니다.

기도하기 위해 올린 팔은 금세 피로해서 떨어뜨리기 십상입니다. 그래서 많은 사람들이 기도하다가 중단합니다. 기도의 불이 붙기도 전에 자리에서 일어납니다. 그러나 승리하려면 절대 중단해선 안 됩니다. 기도는 절대 쉽지 않습니다.

당신의 가정에 기도의 손을 절대 내리지 않는 누군가가 있다면 그 가정은 별일이 다 일어난다 해도 살아납니다. 한 사람이라도 깨어서 기도의 손을 들고 있으면 하나님께서 그 가정을 살리십니다. 교회도 마찬가지입니다. 기도의 손을 내리지 않는 한 사람으로 인해 교회가 살아납니다.

부교역자 시절에 심방을 위해 운전을 하고 가다가 갑자기 차가 멈춘 적이 있습니다. 어디를 봐도 차가 멀쩡한데 도로 한복판에서 차가 멈춘 것입니다. 이유는 간단했습니다. 기름이 떨어진 것입니다.

기도를 중단하는 것은 달리는 차가 갑자기 도로 한복판에서 멈춘 것과 같습니다. 꼼짝도 하지 않습니다. 이때부터 사탄이 마음대로 활개를 치고 다닙니다. 어떤 경우에도 기도하는 손을 내려선 안 되는 것입니다.

기도의 동역자가 필요하다

기도는 힘든 것이기 때문에 반드시 동역해야 합니다. 모세는 산꼭대기에 올라갈 때 혼자 올라가지 않고 아론과 훌을 데리고 올라갔습니다.

만약 모세가 혼자 올라갔다면 어떻게 되었을까요? 이스라엘은 참패했을 것입니다. 피곤해서 내린 팔을 들어 올릴 사람이 없기 때문입니다.

본문을 보면 참 아름다운 장면이 연출되고 있습니다. 모세의 팔이 피곤하여 내려올 때 아론과 훌이 돌을 가져다가 그 돌 위에 모세를 앉게 하고, 모세의 양쪽 팔을 아론과 훌이 받쳐 준 것입니다. 양쪽에서 모세의 팔을 붙들어 올려 모세의 팔이 내려오지 않도록 협력한 것입니다. 그들의 동역이 참으로 아름답습니다. "한 사람이면 패하겠거니와 두 사람이면 맞설 수 있나니 세 겹 줄은 쉽게 끊어지지 아니하느니라"(전 4:12) 한 말씀 그대로입니다. 이런 동역이 있는 곳에 승리가 있습니다. 모세와 하나님이 연결되고, 모세와 그의 동역자들이 연결됩니다. 여기서 주님의 역사가 일어나고, 사탄의 권세가 깨어지는 역사가 일어납니다.

저는 학창 시절에 저보다 두 살 많은 형과 함께 산에 올라 담요를 뒤집어쓰고 기도하곤 했습니다. 기도하다 나도 모르게 잠이 들라치면 저만치 떨어진 곳에서 "주여" 하는 소리에 놀라 다시 깨어 기도했습니다. 형 역시 "주여" 하고 부르짖는 제 소리에 놀라 일어나 기도했습니다. 그렇게 서로 깨워 주며 밤새도록 기도했습니다. 혼자 산에 올라 기도하기는 쉽지 않으나 동역자가 옆에 있으니 힘을 내어 밤을 새워 기도할 수 있었습니다.

예수님도 기도하러 겟세마네 동산에 가실 때 제자 세 명과 동행했습니다. 그러나 그들은 깨어 있으라는 예수님의 권면에도 잠이 들고 말았습니다. 예수님이 얼마나 외롭고 고통스러웠을까요? 제자들이라도 옆에서 깨어 기도해 주었다면 얼마나 위로가 되었을까요?

같이 기도하다 보면 기도가 터집니다. 놀랍게도 막힌 기도가 터집니다. 기도를 열심히 하는 사람과 함께 기도하면 기도의 불이 붙습니다. 그러므로 기도의 동역자가 필요합니다.

제가 호주에서 교회를 개척한 후 성도 수가 얼마 되지 않았을 때의 일입니다. 한인교회들은 주일에만 호주 교회를 빌려서 예배를 드리다 보니 새벽기도를 하고 싶어도 할 수 없었습니다. 그래도 저는 새벽기도가 너무 하고 싶어서 이리저리 궁리했습니다. 하지만 당시 목회자인 제게 사례를 주기도 힘든 형편에 우리 소유의 예배당을 갖기는 더욱 힘들었습니다.

그러던 어느 날 기찻길 옆에 있는 상가 건물이 눈에 들어왔습니다. 기찻길 옆이니 새벽에 아무리 큰소리로 기도해도 아무도 뭐라 할 사람이 없을 것 같았습니다. 하지만 임대료가 너무 비싸서 엄두가 나지 않았습니다. 그럼에도 저는 새벽기도를 하겠다는 일념으로 무조건 계약을 해 버렸습니다. 기도해야 산다는 생각으로 무조건 하나님께 구하며 그 건물에 입주한 바로 다음 날부터 교인들과 함께 새벽기도를 드렸습니다. 그러자 하나님께서 놀라운 은혜를 경험하게 하셨습니다.

목사라도 혼자서는 기도하기 힘듭니다. 새벽기도든 철야기도든 혼자 기도하지 말고 동역하여 기도할 때 쉬지 않고 기도할 수 있고, 하나님의 역사를 경험할 수 있습니다.

아론과 훌이 동역했다지만 기도의 중심은 모세였습니다. 기도로 동역할 때 리더가 필요합니다. 리더를 중심으로 모일 때 하나님께서 역사하십니다. 특별히 모세는 전쟁의 승패가 기도에 있다는 사실을 안 사람입니다. 이렇듯 모든 전쟁의 승패는 기도에 달렸다는 것과 기도는 힘들다는 것과 쉬지 않고 기도하려면 기도의 동역자가 필요하다는 사실을 아는 리더가 기도를 이끌어 가야 합니다. 이 한 사람의 리더로 인해 공동체 전체가 복을 받게 됩니다.

예수님도 "두세 사람이 내 이름으로 모인 곳에는 나도 그들 중에 있느니라"(마 18:20)고 말씀하셨습니다. 기도하는 공동체는 강력합니다. 혼자 기도하지 말고 아론과 훌 같은 동역자를 찾아 기도하십시오. 기도는 쉽지 않습니다. 그렇게 힘든 기도를 혼자 하기는 더 어렵습니다. 기도의 동역자가 있어야 힘을 내어 기도할 수 있고, 쉬지 않고 기도할 수 있고, 승리할 때까지 기도할 수 있습니다.

우리는 모두 모세와 여호수아가 될 수 없을지라도 아론과 훌은 될 수 있습니다. 모세는 아론과 훌의 도움이 없었다면 이스라엘이 승리할 때까지 기도할 수 없었을 것입니다. 그랬다면 여호수아도 전쟁을 승리로 이끌지 못했을 것입니다. 전쟁터에서는 모세도 중요하고 여호수아도 중요하지만 아론과 훌도 중요합니다.

수영로교회에는 연세 많은 권사님들이 정말 열심히 기도하십니다. 새벽에도 기도하시고 수요예배와 철야예배에도 기도하시고 기도회에 나와서도 기도하십니다. 그러면서 "할 수 있는 게 기도밖에 없어요"라고 말씀하십니다. 그분들이 있어서 저는 목회할 수 있습니다.

여호와 닛시의 하나님

모세는 전쟁에서 승리한 뒤 단을 쌓고 나서 그 이름을 '여호와 닛시'라고 했습니다. '여호와는 나의 깃발, 여호와는 나의 승리의 깃발이다'라는 뜻입니다. 이스라엘의 승리가 하나님이 가져다준 것임을 고백한 것입니다.

모세처럼 우리도 하나님으로만 승리할 수 있음을 분명히 확신해야 합니다. 그 믿음으로 기도해야 합니다.

오늘날 많은 사람들이 기도는 해도 되고 안 해도 되는 것처럼 가볍게 여깁니다. 그러면서 기도보다 먼저 뭔가를 해야 할 것처럼 생각합니다. 하지만 다른 모든 것을 할지라도 기도하지 않으면 안 됩니다. 가능한 것도 불가능해집니다. 기도는 전쟁에서 이기고 지는 것을 좌우하는 결정적인 것입니다.

어떤 사람은 기도해도 안 되더라고 말합니다. 그런데 과연 얼마나 기도했을까요? 기도는 따로 기간이 정해진 게 아닙니다. 승리할 때까지 기도해야 하는 것입니다. 그러니 기도해도 안 되더라는 말은 기도하다가 포기했다는 말과 같습니다. 기도를 무시하면 큰코다칩니다. '내가 손을 든다고 전쟁에서 이길까'라는 마음으로 기도하면 곧 무너집니다. 모세는 전쟁이 끝날 때까지 기도의 자리를 떠나지 않았습니다. 기도는 그렇게 끈질기게 해야 합니다.

아말렉이 사라지지 않는 한 싸움은 앞으로도 계속될 것입니다. 그리고 시간이 지날수록 그 전쟁은 치열해질 것입니다. 우리가 전쟁에서 승리할수록 사탄은 더 악랄하게 우리를 공격할 것이기 때문입니다.

우리는 전쟁 중에 있습니다. 한국교회도 전쟁 중에 있습니다. 이 사실을 알아야 기도하다가 포기하지 않습니다. 교회 안에 다툼과 갈등이 일어났다면 기도하다가 피곤해서 손을 내렸기 때문일 수 있습니다.

거룩한 손을 내리지 마십시오. 여호와 닛시의 하나님만 바라보며 전쟁에서 승리할 때까지 손을 들고 있으십시오.

오직 하나님으로부터 승리가 온다는 것을 믿는 사람들은 손을 내릴 수 없습니다. 전쟁은 여호와께 속한 것입니다. 죽고 사는 일이 하나님의 손에 달려 있습니다.

거대한 전쟁이 우리의 기도의 자리에서 벌어지고 있다는 사실을 기억하시기 바랍니다. 이곳은 최고의 격전지입니다. 기도를 포기하고 싶은 유혹이 있어도 기도를 포기하지 않으면 승리는 반드시 주어집니다.

아무리 힘들고 피곤해도 전쟁에서 이기는 날까지 기도의 손을 들고 있어야 합니다. 우리는 한시도 마음을 놓을 수 없습니다.

기도를 멈추면, 기도의 손을 내리면, 별별 일이 다 일어납니다. 일어나지 않아도 되는 일이 터지고, 별것 아닌 일이 크게 확대되고, 희한한 일들이 생깁니다.

우리가 기도의 손을 들 때 여호와 닛시의 하나님께서 우리에게 승리를 주십니다. 그런데 전쟁의 최고 격전지는 내가 기도하는 이 자리입니다. 이 자리에서 끝을 보지 않으면 전쟁에서 지고 맙니다. 기도의 근성과 야성을 가질 때 해결하지 못할 문제는 없습니다. 그런 나로 인해 가정이 살고 교회가 살고 나라와 민족이 삽니다.

쉬지 말고 기도하라

데살로니가전서 5:17

일상이 기도가 되게 하라

"쉬지 말고 기도하라"고 한 당시 바울의 심정은 어떤 것이었을까요? 또 이 말씀을 통해 전하고 싶은 메시지는 무엇이었을까요?

우선 '쉬지 말고 기도하라'는 말 그대로 게으름 피우지 말고 열심히 기도하라, 기도하기를 힘쓰라는 의미로 받아들여집니다. 하지만 사도 바울의 말에는 그 이상의 의미가 담겨 있습니다. 사도 바울은 믿는 자에게 기도란 물고기에겐 물과 같고 새에겐 날개와 같음을 강조하고 있습니다. 물고기가 물 밖으로 나오면 살 수 없고 새에게 날개가 없으면 더 이상 새가 아니듯이, 믿는 자에게 기도가 없으면 더 이상 그리스도인이 아니라는 의미입니다. 다시 말해, 기도는 그리스도인의 존재 자체라는 것입니다. 따라서 우리가 '쉬지 말고 기도'해야 하는 이유는 기도하지 않는 우리는 존재할 수 없기 때문입니다.

신앙은 기도생활이라고 말할 수 있습니다. 왜냐하면 신앙생활에는 예배도 있고, 봉사도 있고, 성경공부도 있고, 훈련도 있지만, 그 중심에는 기도가 있기 때문입니다.

바울은 "쉬지 말고 기도하라"고 합니다. 이것을 하든, 저것을 하든 기도를 멈추지 말라는 뜻입니다. 그리스도인은 기도를 멈춰선 안 됩니다. 문제가 있든지 없든지, 일을 하든지 하지 않든지 언제나 기도해야 합니다. 농사짓는 사람을 '농사꾼'이라 하듯이 그리스도인은 '기도꾼'입니다. 기도가 곧 우리의 정체성입니다.

혹시 기도를 예배의 형식 중 하나라고 생각하고 있습니까? 아니면 한때 아주 뜨겁게 기도했으나 지금은 하지 않고 있습니까? 기도회 시간이나 교회에 오면 마음을 다해 기도하지만 교회를 떠나면 기도하지 않습니까? 이는 모두 온전한 기도를 하고 있지 않은 것입니다.

하나님과 바른 관계에 있을 때 기도할 수 있다

그렇다면 쉬지 않고 기도한다는 것은 무엇입니까?

첫째, 넓은 의미에서 쉬지 않고 기도한다는 것은 하나님과 바른 관계에 있음을 의미합니다. 우리는 예수님을 믿는 순간부터 기도하기 시작합니다. 하나님과 바른 관계가 맺어졌기 때문입니다. 하나님과 바른 관계가 맺어진 그리스도인은 기도함으로 시간이 지날수록 그 관계가 더 깊어집니다. 하나님과 관계가 깊어질수록 신앙이 성장합니다. 그래서 신앙생활은 곧 기도생활입니다. 신앙이 성장한다는 것은 기도가 자라는 것을 의미하고, 기도가 자란다는 것은 하나님과의 관계가 더 깊어지는 것을 의미합니다.

성경공부도 신앙을 성장하게 할 수 있습니다. 그러나 기도가 없는 성경공부는 불완전합니다. 왜 성경공부를 합니까? 하나님을 더 알기 위해서입니다. 왜 하나님을 더 알고자 합니까? 하나님과 친밀한 관계를 갖기 위해서입니다. 그런데 성경공부는 성경 지식을 키우는 데 유익이 있기는 하지만 하나님과 깊은 관계로 나아가는 데는 한계가 있습니다. 그래서 성경공부를 하더라도 기도해야 합니다.

> "그런즉 너희는 먼저 그의 나라와 그의 의를 구하라 그리하면 이 모든 것을 너희에게 더하시리라"(마 6:33).

여기서 '의'란 하나님과 바른 관계를 맺는 것입니다. 하나님과 바른 관계를 갖는 삶을 구하라는 의미입니다. 하나님과 바른 관계에 있기만 하면, 기도생활을 온전하게 하기만 하면 거기서 모든 좋은 것들이 흘러나옵니다.

요한복음 15장에는 예수님의 포도나무 비유가 나옵니다. '쉬지 않고 기도하는 것'은 포도나무의 가지가 포도나무에 붙어 있는 것과 같습니다. 포도나무에 붙어 있는 가지란 하나님과 바른 관계에 있는 그리스도인입니다. 즉, 기도하는 그리스도인입니다.

> "너희가 내 안에 거하고 내 말이 너희 안에 거하면 무엇이든지 원하는 대로 구하라 그리하면 이루리라"(요 15:7).

기도가 깊어지면 저절로 열매를 맺고 저절로 헌신하게 되고 저절로 순종하게 됩니다. 예수님은 "나를 떠나서는 너희가 아무것도 할 수 없음이라"(요 15:5)고 말씀하셨습니다. 기도하지 않는 사람에게서는 어떤 열매도, 헌신도, 순종도 기대할 수 없습니다. 쉬지 않고 기도할 때 그리스도인은 비로소 그리스도인다운 삶을 살게 되고 그럴 때 하나님의 놀라운 열매를 맺게 됩니다.

일상의 기도가 진짜 기도다

둘째, '쉬지 않고 기도한다는 것'은 일상이 기도가 되어야 한다는 의미입니다. 기도가 일상이 되지 않으면, 신앙생활과 일상생활이 분리될 수밖에 없습니다. 주일에만 그럴듯하게 신앙생활 하는 사람은 신앙의 성장이 일어나지 않으며, 외식하는 신앙이 되기 쉽습니다.

"쉬지 말고 기도하라"는 말은 명령형입니다. 힘들어도 몸에 익을 때까지 기도가 일상이 되도록 노력하라는 것입니다. "기도에 항상 힘쓰며"(롬 12:12), "깨어 구하기를 항상 힘쓰며"(엡 6:18), "기도를 계속하고 기도에 감사함으로 깨어 있으라"(골 4:2)… 성경은 기도하기를 힘쓰라고 촉구합니다. 어떻게 힘써야 합니까?

기도하는 시간과 장소를 얻기 위해 힘써야 합니다. 하루 중 시간을 따로 떼어 일정한 곳에서 기도하기를 힘쓰는 것입니다. 시간이 나면, 여유가 생기면, 이 일만 끝내면 기도하겠다는 사람은 시간이 나도 절대 기도하지 않습니다. 그런 사람은 고난이나 위기를 맞아 기도하지 않으면 위안을 얻지 못할 때에야 기도하기를 힘쓸 것입니다. 그러나 "쉬지 말고 기도하라"는 말은 바쁘거나 바쁘지 않거나, 위기를 만났거나 그렇지 않았거나 상관없이 기도하기를 힘쓰라는 것입니다.

목회자인 저도 눈만 뜨면 많은 일이 기다리고 있기 때문에 일부러 시간을 따로 떼어 기도하지 않으면 기도하기가 쉽지 않습니다. 그래서 쉬지 말고 기도하는 일은 의지적으로 하지 않으면 할 수가 없는 일입니다.

어떤 사람은 교회에 가야, 기도원에 가야 기도할 수 있다고 말합니다. 물론 한적한 곳을 찾아 기도하기를 힘써야 합니다. 하지만 매일 매 순간이 숨 가쁘게 돌아가는 세상에서 따로 시간을 떼어 기도하기도 어려운데 교회나 기도원을 찾아서 기도하기는 더 어렵습니다. 그러므로 무엇보다 일터에서, 삶의 자리에서 기도하기를 힘써야 합니다.

하나님은 기도회가 열리는 곳에서만 기도를 들으시는 분이 아닙니다. 일정한 시간에만 우리의 간구에 귀 기울이시는 분이 아닙니다. 하나님은 언제 어디서나 우리의 기도를 들으시고 응답하기 원하시는 분입니다.

진짜 기도는 일상에서 하는 기도입니다. 교회에 모여 함께하는 새벽기도나 철야기도는 일상의 기도를 더 강력하게 만들어 주므로 할 수만 있다면 함께하면 좋습니다. 그러나 삶의 자리에서는 기도하지 않고 교회에 와서만 기도하는 것은 잘못된 모습입니다. 아침에 일어나서 기도하고, 식사를 준비하면서 기도하고, 운전하면서 기도하고, 길을 걸으면서 기도하고, 직장에서 일하면서 기도하고, 사람을 만나는 중에도 기도해야 합니다.

화가 난다면 하나님께 기도하십시오. 왜 화가 났는지, 자기 속에 무엇이 있는지, 왜 이렇게 반응했는지를 놓고 기도하십시오. 욕심이 생기고 질투가 난다면 그를 놓고 하나님께 기도하십시오. 내 속에 일어나는 수많은 감정과 생각들이 모두 우리의 기도 제목입니다.

하나님은 우리가 우리의 모든 문제를 가지고 하나님께 나아오기를 원하십니다. 그리고 그 문제를 가지고 우리와 대화하기를 원하십니다. 우리의 질문에 대답해 주기를 원하십니다.

저는 길을 걷다 들꽃을 보면 너무 예뻐서 "하나님, 정말 멋쟁이십니다"라고 기도합니다. 아이들을 보면 얼마나 사랑스러운지 "하나님, 어쩌면 이렇게 예쁘게 만드셨어요"라고 기도합니다. 이렇듯 기도는 우리 안에 일어나는 모든 생각과 감정, 현상들을 가지고 하나님께 나아가 대화를 나누는 것입니다. 이것이 일상의 기도입니다.

《하나님의 임재 연습》을 쓴 수사(修士) 로렌스(Lawrence) 형제는 "일하는 시간과 기도하는 시간이 따로 떨어져 있지 않다"고 말했습니다. 일하는 시간이 기도하는 시간이고, 기도하는 시간이 일하는 시간이라는 것입니다. 그것이 어떻게 가능할까요? 그는 삶의 모든 영역에서 하나님의 임재를 느꼈기 때문입니다. 그는 수도원 식당의 바닥을 걸레로 닦으면서도 하나님의 임재 가운데 있었습니다.

우리가 교회에서는 기도하면서 일터에서는 기도하지 않는 이유가 무엇입니까? 교회 밖에서는 하나님의 임재를 느끼지 못하기 때문입니다. 그러나 하나님은 어디에나 계십니다. 하나님의 임재를 상징한 구약시대의 성전으로서 교회를 이해하는 사람이 있는데, 하나님은 그렇게 우상이 되어 버린 성전을 돌 위에 돌 하나도 남기지 않고 없애 버리셨습니다. 하나님은 교회에만 갇혀 계시는 분이 아니며 예배 시간에만 임재하시는 분이 아닙니다. 교회 안이든 밖이든 온 세상에 임재하신 하나님을 경험해야 합니다. 일상에서 하나님의 임재를 경험해야 합니다. 이것이 몸에 익을 때까지 훈련해야 합니다. 로렌스 수사처럼 일하는 것이 기도하는 것이고 기도하는 것이 일하는 것이어야 합니다.

기도는 하나님을 중심에 두는 것이다

셋째, 쉬지 말고 기도하라는 것은 하나님을 중심에 두는 삶을 살라는 의미입니다.

하나님을 우리의 중심에 둔다는 것은 하나님께 완전히 항복한다는 것을 뜻합니다. 하나님의 뜻에 전적으로 순복(順服)한다는 뜻입니다.

> "너는 마음을 다하여 여호와를 신뢰하고 네 명철을 의지하지 말라 너는 범사에 그를 인정하라 그리하면 네 길을 지도하시리라"(잠 3:5-6).

여기서 중요한 것은 '범사에 그를 인정하라'입니다. 쉬지 않고 기도하는 것은 범사에 하나님을 하나님으로 인정하는 것입니다. 범사에 하나님을 하나님으로 인정한다는 것은 무엇입니까?

내 주장과 내 고집을 내려놓고, 내 삶을 스스로 통제하려는 것을 포기하며, 하나님 뜻에 나를 완전히 복종시키는 것을 말합니다.

하지만 현대인은 예전보다 더 자기중심적이 되었습니다. 옛날에는 엄마가 "밥 먹어" 하면 서둘러 밥상에 둘러앉았습니다. 식구가 많다 보니 때를 놓치면 맛난 반찬은커녕 밥도 굶을 수 있었기 때문입니다. 하지만 오늘날 엄마들은 아이가 좋아하고 원하는 반찬을 대령하느라 쩔쩔맵니다. 곳곳에서 "너 좋을 대로 해", "네가 왕이야"라는 말들이 메아리칩니다. 그러니 나를 포기하고 하나님을 주인으로 모시기가 너무 어렵습니다. 내 뜻을 포기하고 하나님의 뜻을 따르기가 죽기보다 싫습니다.

불신자들은 믿는 자들을 무기력하고 무능력한 자들이라고 조롱합니다. 하지만 믿는 자들도 하나님의 뜻이 아닌 내 뜻으로 살고자 틈만 나면 모반을 꾀합니다. 오늘날 믿는 자들이 기도하지 않는 이유 중 하나는 내 마음대로 살고 싶어서입니다. 믿는 자나 믿지 않는 자나 하나님 중심이 아닌 나 중심으로 살아가는 것입니다.

기도하기를 쉬면 하나님 중심이 아니라 나 중심으로 살게 됩니다. 불신자들과 다를 바 없는 사람이 되는 것입니다.

기도는 하나님께 내 생각과 내 뜻을 관철하는 것이 아닙니다. 반대로 내 생각과 내 뜻을 포기하고 하나님의 뜻에 나를 복종하는 것입니다. 그러므로 쉬지 않고 기도하는 것은 날마다 나를 쳐서 하나님께 복종하는 것입니다. 그래서 쉬지 않고 기도하는 사람은 내 삶의 어떤 것도 하나님과 상관없는 것이 없음을 잘 압니다.

성 어거스틴(St. Augustine)은 어린 시절에 가출했다가 사생아를 낳은 문제아였습니다. 그러나 그의 어머니 모니카(Monica)의 기도가 그의 인생을 완전히 뒤집어놓아 어거스틴은 기독교 역사에서 엄청난 영향을 끼친 인물이 되었습니다.

존 녹스(John Knox)는 "기도하는 한 사람이 기도하지 않는 한 국가보다 낫다"고 말했습니다. 하나님께서 역사하시면 한 국가의 권력으로 하는 것보다 훨씬 완벽하고 간단하게 해결됩니다. 사람이 하면 잘 되는 듯하다가도 잘못되고 빨리 되는 듯하다가도 오래 걸립니다. 절대 완전하지 못합니다. 그러니 기도가 어찌 무기력하고 무능력한 사람이 하는 것일 수 있겠습니까?

신앙생활을 할수록, 목회를 할수록 저는 기도 외에는 답이 없음을 말할 수밖에 없습니다. 사람이 하는 일이 지극히 작음을 잘 알기 때문입니다.

쉬지 않고 기도하는 사람은 하나님의 주권을 인정하는 사람입니다. 모든 것을 하나님께 맡기는 사람입니다. 어느 날은 어떤 사람이 생각나서 찾아가면 꼭 필요한 역사가 일어나는 것을 보게 됩니다. 어느 날은 우연히 누군가를 만나 꼭 필요한 말을 듣게 됩니다. 이처럼 하나님께 주권이 있음을 인정하는 사람은 하나님의 손길을 매 순간 경험하게 됩니다. 기가 막힌 하나님의 섭리에 감탄하게 됩니다.

모압 여인 룻의 이야기를 아실 것입니다. 룻은 남편도 죽고 없는데

시어머니를 따라 고향 땅을 떠나 이스라엘로 온 여인입니다. 룻이 우연히 밭에 갔다가 보아스를 만나 큰 도움을 얻게 되는데, 그 보아스와의 사이에서 다윗의 자손이 태어나고 예수님이 태어났습니다. 하나님은 이 이방 여인을 통해 예수님의 계보를 만들어 가신 것입니다. 이렇듯 하나님은 아주 섬세하며 빈틈이 없고 완벽하게 역사를 이끌어 가십니다.

하나님은 쉬지 않고 우리에게 말씀하십니다. 하나님의 음성에 귀를 기울이는 삶은 곧 쉬지 않고 기도하는 삶입니다. 기도란 하나님의 말씀을 듣고 반응하는 것입니다. 그래서 기도하는 사람은 내가 간 것 같은데 내가 간 것이 아니고 내가 말한 것 같은데 내가 말한 것이 아닌 줄 압니다. 하나님께서 가게 하시고 말하게 하시고 만나게 하시는 줄 압니다.

성경공부는 왜 합니까? 말씀을 듣기 위해서입니다. 우리가 기도할 때 하나님은 하나님의 말씀으로 우리와 교제하십니다. 그런 의미에서 성경 통독이 매우 중요합니다. 성경을 많이 읽으면 기도하는 가운데 하나님께서 말씀을 떠오르게 하시고 말씀을 풀어 주시는 것을 경험하게 됩니다. 그때 기도가 강력해집니다.

하나님의 말씀이 해석되고 하나님의 음성이 육성(肉聲)처럼 들릴 때 우리는 그 말씀 앞에 순종하지 않을 수 없습니다. 우리가 말씀에 순종할 때 하나님은 나를 다스리시고, 나를 사용하시고, 나를 통해 하나님의 영광을 드러내십니다.

　하나님의 음성에 항상 귀 기울이시기 바랍니다. 그것이 쉬지 않고 기도하는 것입니다. 하나님의 말씀에 순종하려는 마음으로 하나님의 음성을 들으려 한다면 하나님께서는 분명히 하나님의 음성을 들려주실 것입니다.

"나는 기도다"

　고난은 또 다른 하나님의 음성입니다. 우리가 여러 가지 인생의 문제로 여념이 없을 때 하나님은 고난으로 말미암아 하나님 당신만 바라보라고 우리를 초청하십니다. 우리 앞에 닥친 생의 문제는 하나님을 바라볼 때 간단히 해결되는 것임을 알리기 위해 하나님은 우리에게 고난을 허락하십니다.

　고난 가운데 있습니까? 마음을 빼앗긴 힘든 일이 있습니까? 하나님께 집중하십시오. 우리가 고난이나 어려운 문제에 마음을 빼앗기면 그것이 영원히 해결되지 않을 것입니다. 그러나 주권이 하나님께 있음을 기억하고 하나님께 마음을 집중하면 고난은 더 이상 문제가 되지 않습니다. 고난보다 더 크신 하나님께 마음을 빼앗기면 고난이나 어려움은 아무것도 아니게 됩니다.

　그래서 기도는 쉬지 않고 해야 합니다. 기도가 무엇입니까? 하나님께 시선을 집중하는 것입니다. 하나님께 마음을 집중하면 하나님이 그리시는 큰 그림 안에서 내가 당한 일들이 해석되기 시작합니다. 그러면 어떤 어려움도 문제가 되지 않으며 평안과 자유를 누리게 됩니다.

고난이 왜 고통스럽습니까? 내 생각대로 일이 풀리지 않아서 괴롭습니다. 내가 내 문제를 통제하고 해결하려니까 고통스러운 것입니다. 이제 내가 아니라 하나님께서 통제하고 해결하도록 모두 맡기십시오. 쉬지 않고 기도함으로 하나님의 주권 아래 있으십시오. 그러면 고난보다, 인생보다 크신 하나님께서 하나님의 계획과 뜻 안에서 해결해 주십니다.

그런 점에서 고난은 하나님의 음성을 듣는 훈련이며, 하나님께 내 마음을 고정시키는 훈련이며, 쉬지 않고 기도하는 훈련입니다.

쉬지 말고 기도하십시오. 그런데 이것은 내 힘으로는 할 수 없습니다. 내 안에서 기도하게 하는 영이 가능하게 하십니다. 기도는 우리에게서 출발한 것이 아니라 하나님으로부터 시작된 것이기 때문에 우리는 쉬지 않고 기도할 수 있습니다.

> "너희는 다시 무서워하는 종의 영을 받지 아니하고 양자의 영을 받았으므로 우리가 아빠 아버지라고 부르짖느니라 성령이 친히 우리의 영과 더불어 우리가 하나님의 자녀인 것을 증언하시나니"(롬 8:15-16).

예수 그리스도를 주(主)라고 시인하는 사람들의 심령 속에는 성령이 계십니다. 성령께서 우리의 기도를 지원하십니다. 끊임없이 기도하게 하십니다. 그러므로 기도는 성령과 나의 합작품입니다.

기도하는 영혼은 살아 있는 영혼입니다. 포도나무에 접붙여진 가지와 같습니다. 그러나 기도하지 않는 영혼은 포도나무에 접붙여지지 않아 죽은 것과 같습니다. 따라서 기도는 우리의 생명이며, 그리스도인으로 살아가는 정체성이고, 우리의 존재 자체입니다.

기도가 자라면 신앙이 자랍니다. 기도의 변화는 신앙의 변화입니다. 기도가 자라고 있습니까? 모든 일과 사건 속에서 하나님께 시선을 고정하고 있습니까? 기도하기를 힘쓰고 있습니까? 그리스도인으로서 살아가고 있습니까? 생명 있는 영으로 살아가고 있습니까?

인간이 할 수 있는 가장 위대한 일은 기도입니다. 우리가 할 수 있는 모든 것이 기도입니다. 쉬지 않고 기도하는 삶을 통해 하나님의 능력이 나타납니다. 쉬지 않고 기도하면 하나님을 내 중심에 모시므로 범사에 감사할 수밖에 없고 항상 기뻐할 수밖에 없습니다.

시편 기자는 "나는 기도할 뿐이라"(시 109:4)고 했습니다. 히브리어 성경에는 "나는 기도다"라고 되어 있습니다. 우리도 "나는 기도다"라고 고백하는 그리스도인이 되기를 기도합니다.

인간이 할 수 있는 가장 위대한 일은 기도입니다.

¹⁴ 이러므로 내가 하늘과 땅에 있는 각 족속에게 ¹⁵ 이름을 주신 아버지 앞에 무릎을 꿇고 비노니 ¹⁶ 그의 영광의 풍성함을 따라 그의 성령으로 말미암아 너희 속사람을 능력으로 강건하게 하시오며 ¹⁷ 믿음으로 말미암아 그리스도께서 너희 마음에 계시게 하시옵고 너희가 사랑 가운데서 뿌리가 박히고 터가 굳어져서 ¹⁸ 능히 모든 성도와 함께 지식에 넘치는 그리스도의 사랑을 알고 ¹⁹ 그 너비와 길이와 높이와 깊이가 어떠함을 깨달아 하나님의 모든 충만하신 것으로 너희에게 충만하게 하시기를 구하노라 ²⁰ 우리 가운데서 역사하시는 능력대로 우리가 구하거나 생각하는 모든 것에 더 넘치도록 능히 하실 이에게 ²¹ 교회 안에서와 그리스도 예수 안에서 영광이 대대로 영원무궁하기를 원하노라 아멘

에베소서 3:14-21

하나님의 풍성함 속으로 들어가라

　에베소서 3장 14-21절에서 눈에 들어오는 구절이 많습니다. 16절의 "그의 영광의 풍성함을 따라", 18절의 "지식에 넘치는", 19절의 "하나님의 모든 충만하신 것으로 너희에게 충만하게 하시기를"이 눈에 들어옵니다. '풍성', '넘치는', '충만' 등 비슷한 단어가 계속 나옵니다.
　바울은 왜 '충만함', '풍성함'을 말하는 걸까요? 바울은 그의 삶에서 경험한 하나님에 대한 감격에 차서 이 같은 글을 쓴 것으로 보입니다. 그렇다면 이 단어들은 바울의 삶을 얘기하고 있다고 해도 과언이 아닐 것입니다. 8절에서도 "모든 성도 중에 지극히 작은 자보다 더 작은 나에게 이 은혜를 주신 것은 측량할 수 없는 그리스도의 풍성함을 이방인에게 전하게 하시고"라고 고백하고 있습니다. 20절에서는 "우리 가운데서 역사하시는 능력대로 우리가 구하거나 생각하는 모든 것에 더 넘치도록 능히 하실 이"라고 그가 경험한 하나님을 소개하고 있습니다.

바울은 지금 그의 삶을 통해 풍성하고 흘러넘치는 은혜를 경험했다고 고백하고 있습니다. 하지만 바울의 생애는 객관적으로 보면 고난과 핍박이 많았던 불행한 삶이었습니다. 그럼에도 그는 하나님의 공급하심이 자신이 생각하고 상상한 것보다 훨씬 넘쳤다고 말하고 있습니다. 그러면서 그 풍성함을 에베소교회가 누릴 것을 권하고 있습니다.

부족한 것이 은혜다

위기는 왜 찾아올까요? 부족하기 때문입니다. 문제가 생겼을 때 그것을 풀어 갈 능력이 없기 때문에 위기가 닥치는 겁니다. 사람들의 모함을 들으면 밤에 잠을 못 이룰 만큼 고통스럽습니다. 이것 역시 내 안의 평안이 부족하기 때문입니다. 어떤 일에 실패하는 것은 능력이 부족하기 때문입니다. 누군가를 미워하고 용서할 수 없는 것은 그를 품을 아량이 부족하기 때문입니다. 인내하지 못해서, 지혜가 부족해서, 성품이 부족해서 인간관계가 틀어지고 일이 잘되지 않습니다.

이렇듯 인간의 특징 중 하나는 '부족함'입니다. 만족할 만큼 풍족하지 않아서 다툼과 분쟁을 일삼고 범죄를 저지릅니다. '부족함', 즉 '결 핍'은 우리 인생을 고통스럽게 합니다.

하지만 하나님은 모자람이 없습니다. 한계가 없습니다. 하나님은 언제나 부요하십니다.

출애굽한 이스라엘 백성들이 집단으로 홈리스(homeless) 상태로 광야를 떠돌았으나 그들은 부족함이 없었습니다. 디베랴 광야에서 먹을 것이 아무것도 없었으나 예수님이 축사하심으로 오병이어로 5천 명을 먹이고도 남음이 있었습니다. 가나 혼인 잔칫집에 포도주가 떨어졌으나 예수님이 물로 포도주를 만드셔서 풍족하게 마실 수 있었습니다. 베드로가 밤새 물고기를 한 마리도 잡지 못했으나 예수님이 "깊은 곳에 가서 그물을 내리라" 해서 두 척의 배가 잠기도록 물고기를 잡게 되었습니다.

우리는 늘 부족하나 하나님과 접속하면 차고 넘치도록 풍성해집니다. 세상은 결핍으로 인해 신음을 하지만 하나님의 백성은 결핍이 크면 클수록 하나님이 채우시는 은혜 가운데 있게 됩니다. 그러므로 세상 사람들은 바닥 난 현실을 보고 절망하지만 그리스도인은 언제나 부요하고 풍성하신 하나님을 바라보므로 신바람이 납니다.

우리 인생은 빈 그릇이며 빈 그물에 불과합니다. 비어 있는 결핍된 현실을 보고, 나 자신을 보고 속상해할 필요가 없습니다. 우리는 원래 그렇게 결핍된 존재입니다. 그럼에도 그런 부족함이 우리에게는 은혜입니다. 부족과 결핍 때문에 충만하신 하나님을 바라볼 수 있기 때문입니다. 우리의 빈 것을 넘치도록 채우시는 하나님을 바라보는 것이야말로 축복 중의 축복입니다.

하나님의 충만함을 경험하라

바울은 에베소교회 성도들에게 하나님의 성품을 소개하고 있습니다. 눈에 보이는 물질적인 것보다 더 중요한 것이 하나님의 성품이 우리 안에 흘러 들어오는 것입니다. 이것은 신앙생활에서 매우 중요한 요소입니다.

> "아무것도 염려하지 말고 다만 모든 일에 기도와 간구로, 너희 구할 것을 감사함으로 하나님께 아뢰라 그리하면 모든 지각에 뛰어난 하나님의 평강이 그리스도 예수 안에서 너희 마음과 생각을 지키시리라"(빌 4:6-7).

우리가 어떤 상황에 있든지 평강의 하나님이 우리를 견고하게 붙들어 주시겠다고 합니다. 이것이 하나님의 성품입니다. 하나님이 누리시는 평강이 우리 안에 들어오면 어떤 환경에 처하든지 흔들림이 없는 평강을 누릴 수 있습니다.

"내가 이것을 너희에게 이름은 내 기쁨이 너희 안에 있어 너희 기쁨을 충만하게 하려 함이라"(요 15:11).

주님의 기쁨이 내 안에 있다고 합니다. 주님의 속성이 우리 안에 들어온다는 뜻입니다. 하나님의 평강과 기쁨이 우리 안에 들어오는 것은 세상에서는 경험할 수 없는 전혀 다른 차원의 것입니다. 주님의 평강과 기쁨은 영원하며 불변합니다. 이것이 우리 안에 충만하면 다른 것이 끼어들 수 없습니다.

가나의 혼인집에 포도주가 떨어지자 그때까지 있던 기쁨이 사라졌습니다. 포도주는 한시적이고 조건적인 기쁨을 주지만 주님의 기쁨은 조건적이지 않으며 불변하는 것입니다.

"지금까지는 너희가 내 이름으로 아무것도 구하지 아니하였으나 구하라 그리하면 받으리니 너희 기쁨이 충만하리라"(요 16:24).

그런데 이 기쁨은 구하면 주시겠다고 합니다. 우리는 '어떤 것'을 구하지만 주님은 기쁨을, 즉 하나님의 성품을 구하라고 하십니다. 물질은 있다가도 없고 없다가도 있는 것이지만, 그래서 그것으로 영원히 만족할 수 없지만, 물질이 있으나 없으나 기쁠 수 있다면 그보다 더 큰 축복이 없습니다. 어떤 환경에서든지 평강이 넘쳐흐른다면 그보다 더 큰 축복이 없습니다. 여기에 신앙의 비밀이 있습니다.

깊은 강은 출렁임 없이 유유히 흘러갑니다. 이처럼 하나님의 평강과 기쁨이 내 안에 들어오면 흔들리지 않습니다. 그 하나님의 성품을 구하십시오. 구하면 주시리라 약속하셨습니다.

"내게는 모든 것이 있고 또 풍부한지라"(빌 4:18).

바울은 하나님의 평강과 기쁨만 풍족히 누린 것이 아닙니다. 물질적으로도 풍성함을 누렸습니다.

"나의 하나님이 그리스도 예수 안에서 영광 가운데 그 풍성한 대로 너희 모든 쓸 것을 채우시리라"(빌 4:19).

바울은 그에게 필요한 모든 것을 하나님께서 채워 주셨다고 고백하고 있습니다. 고아의 아버지 조지 뮐러의 생애를 보면 바울의 이 고백을 이해할 수 있습니다.

조지 뮐러의 사역을 요즘 돈으로 환산하면 7억 달러가량 될 것이라고 합니다. 우리가 쓸 모든 것을 아시는 하나님께서 공급하신 것입니다.

이처럼 하나님은 물질적으로도 축복하십니다. 하나님은 우리의 영적인 것뿐 아니라 물질적인 것까지 채워 주기를 바라십니다. 영적인 것과 물질적인 것은 서로 별개로 떨어져 있는 것이 아니라 서로 연결되어 있기 때문에 그렇습니다. 바울이 그랬듯이, 조지 뮐러가 그랬듯이, 우리의 사역에도 물질적인 축복을 경험해야 합니다.

사역을 하다 보면 부족한 것이 자꾸 나타납니다. 어떤 때는 사람이 부족하고 어떤 때는 아이디어가 부족하고 어떤 때는 돈이 부족합니다. 하나님의 충만하심과 연결되지 않으면 바닥을 긁을 수밖에 없습니다. 하나님과 거리가 멀어질수록 모든 것에 결핍이 일어나게 됩니다. 하나님의 충만하심을 경험하지 못하면 내가 아무리 가지고 있어도 아무 소용이 없습니다. 그러므로 어떤 일을 하든지 부요하신 하나님과 연결되어 있어야 합니다.

누구와 접속하는가

하나님의 풍성함과 연결되면 오병이어와 같은 기적이 일어납니다. 떡 다섯 덩이와 물고기 두 마리라는 보잘것없는 도시락이라도 하나님의 손에 오르면 5천 명을 먹이는 풍성한 것이 됩니다.

사실 예수님의 제자들은 오병이어와 같은 인생이었습니다. 말라비틀어진 보리떡 같은 인생이었습니다. 그런 그들이 주님의 부르심에 반응하여 자기 삶을 주님 손에 올려 드리자 설교 한 번에 3천 명이

회심하는 위대한 인생이 되었습니다. 하나님의 풍성함과 접속하면 이와 같은 일이 일어납니다.

따라서 내가 가진 것이 무엇이든지 하나님의 손에 올려 드려야 합니다. 하나님의 풍성함과 연결되어야 진짜 풍성한 인생이 될 수 있습니다.

사역도 내 힘으로 하려면 얼마 못 가서 고갈되어 버립니다. 우리가 가진 자원은 금방 동이 나기 때문입니다. 그러나 위로부터 부으시는 하나님의 풍성한 은혜가 임하면 힘도 적게 들고, 나의 수고에 비해 그 열매도 놀랍습니다.

시간도 마찬가지입니다. 똑같은 시간이라도 하나님의 충만하심이 들어와야 충분한 시간이 됩니다. 하나님의 충만함이 임하면 짧은 시간이라도 구원의 역사가 일어나고, 수많은 사람들이 주께로 돌아오는 놀라운 일이 일어납니다. 시간이 많다고 역사가 일어나는 것이 아니라 그 시간 속에 하나님의 충만함이 임해야 합니다. 시간의 질량이 높아지면 인생이 풍성해집니다.

그러므로 오늘날 우리가 구할 것은 하나님의 충만하심 안에 잠기는 것입니다. 바울이 "하나님의 모든 충만하신 것으로 너희에게 충만하게 하시기를 구하노라"(엡 3:19)고 했듯이 우리도 하나님의 충만하심을 구하므로 경험해야 합니다.

신앙은 하나님의 충만을 경험하는 것입니다. 풍성함을 경험하는 것입니다. 하나님의 풍성하신 은혜로 넉넉하게 살아가는 것입니다. 그래서 구원의 삶을 다르게 표현하면 '아버지의 부요하심을 나도 함께 누리는 삶'이라고 할 수 있습니다.

하나님의 풍성하심을 경험하기 위해 우리가 해야 할 일은 다름 아닌 기도입니다. 기도하는 사람에게 결핍이 채워집니다. 미련한 일은 내가 내 힘으로 부족을 채우려고 하는 것입니다. 기도는 내 힘으로 채우려고 노력하는 삶을 중단하는 것입니다. 조금 부족해도 자기의 한계를 인정하고 하나님의 풍성함 안으로 들어가야 합니다.

바울은 "우리가 구하거나 생각하는 모든 것에 더 넘치도록 능히 하실 이"(엡 3:20)라는 표현을 썼습니다. 내 힘으로 발전기를 돌리는 것은 한계가 있습니다. 발전소에 연결되면 됩니다. 기도는 발전소에 전깃줄을 잇는 것입니다.

베드로가 밤새 고기를 잡지 못했으나 주님과 접촉한 순간 만선의 풍요를 누릴 수 있었습니다. 중요한 것은 누구와 접속하는가입니다.

"예수께서 한 배에 오르시니 그 배는 시몬의 배라"(눅 5:3).

이것이 접속입니다. 예수님이 찾아오셔서 한 배에 오르셨는데 그 배가 시몬의 배였던 것입니다. 내가 열심히 애를 쓴 인생과 하나님이 풀어 주신 인생은 전혀 다릅니다. 하나님이 도와주시면 전혀 다른 결과가 나옵니다.

결핍이 있다면 오히려 감사하며 하나님의 부요하심과 연결되는 기도를 하십시오. 이것을 경험한 사람들은 기도가 달라집니다. 그냥 기도가 아니라 하나님의 충만하심에 연결되는 기도를 하고, 그냥 믿음이 아니라 충만한 믿음을 바라게 되고, 그냥 능력이 아니라 충만한 능력으로 세상을 이기게 됩니다.

오늘날 많은 사람들이 기도도 인스턴트 식으로 하려고 합니다. 용건만 간단히 하는 기도를 하는 것입니다. 그러나 하나님의 성품이 내 안에 흘러 들어오려면 그런 기도로는 턱도 없습니다. 오랜 세월 하나님의 충만하심 안에 머무르는 시간이 필요합니다. 하나님의 임재 안에 오래, 깊이 머물수록 그 부요함의 은혜 속으로 들어가게 됩니다. 하나님의 인자하심과 자비로우심과 긍휼하심과 풍성하심이 내 안에서 밀려 나오기까지 되려면 오랜 시간이 필요합니다. 하나님의 평강과 사랑이, 하나님의 위로와 기쁨이 내 안에 밀려오는 꽉 찬 느낌을 받는 그 순간까지 기도해야 하는 것입니다.

바울이 그처럼 담대하게 자신의 사역을 할 수 있었던 것은 그에게 닥치는 시련과 고난보다 더 크고 강력한 하나님의 충만함이 그의 영혼을 사로잡았기 때문입니다. 하나님의 충만하심은 우리의 한계를 뛰어넘는 역사를 가져옵니다. 그것을 우리는 초월적 삶이라고 말합니다.

이제 기도함으로 지혜가 부족한 사람은 하나님의 지혜와 접속되기를 바랍니다. 물질의 궁핍함이 있다면 하나님의 부요하심과 접속되기를 바랍니다. 한계에 부딪쳤다면 하나님의 충만하심에 접속되기를 바랍니다. 성품에 문제가 있다면 하나님의 성품에 접속되기를 바랍니다. 그리하여 하나님의 풍성하심과 성령님의 충만하신 역사가 삶 가운데 차고 넘치기를 바랍니다.

Part 3

기도의 비전

기도가 미래다

9 그들이 실로에서 먹고 마신 후에 한나가 일어나니 그때에 제사장 엘리는 여호와의 전 문설주 곁 의자에 앉아 있었더라 **10** 한나가 마음이 괴로워서 여호와께 기도하고 통곡하며 **11** 서원하여 이르되 만군의 여호와여 만일 주의 여종의 고통을 돌보시고 나를 기억하사 주의 여종을 잊지 아니하시고 주의 여종에게 아들을 주시면 내가 그의 평생에 그를 여호와께 드리고 삭도를 그의 머리에 대지 아니하겠나이다 **12** 그가 여호와 앞에 오래 기도하는 동안에 엘리가 그의 입을 주목한즉 **13** 한나가 속으로 말하매 입술만 움직이고 음성은 들리지 아니하므로 엘리는 그가 취한 줄로 생각한지라 **14** 엘리가 그에게 이르되 네가 언제까지 취하여 있겠느냐 포도주를 끊으라 하니 **15** 한나가 대답하여 이르되 내 주여 그렇지 아니하니이다 나는 마음이 슬픈 여자라 포도주나 독주를 마신 것이 아니요 여호와 앞에 내 심정을 통한 것뿐이오니 **16** 당신의 여종을 악한 여자로 여기지 마옵소서 내가 지금까지 말한 것은 나의 원통함과 격분됨이 많기 때문이니이다 하는지라 **17** 엘리가 대답하여 이르되 평안히 가라 이스라엘의 하나님이 네가 기도하여 구한 것을 허락하시기를 원하노라 하니 **18** 이르되 당신의 여종이 당신께 은혜 입기를 원하나이다 하고 가서 먹고 얼굴에 다시는 근심 빛이 없더라 **19** 그들이 아침에 일찍이 일어나 여호와 앞에 경배하고 돌아가 라마의 자기 집에 이르니라 엘가나가 그의 아내 한나와 동침하매 여호와께서 그를 생각하신지라 **20** 한나가 임신하고 때가 이르매 아들을 낳아 사무엘이라 이름하였으니 이는 내가 여호와께 그를 구하였다 함이더라

사무엘상 1:9-20

기도가 인생이 된다

　기도하는 것은 씨를 뿌리는 것과 같습니다. 기도의 씨앗이 심겨진 곳에 하나님의 역사가 일어납니다. 하나님은 우리가 구할 때 응답하십니다. 이것은 성경 속에서 드러난 하나님이 일을 이루시는 법칙입니다.

　하나님은 응답하시기 전에 우리가 먼저 기도하기를 원하십니다. 그래서 기도는 열매를 위한 씨앗입니다. 따라서 기도하기 시작했다면 이미 일이 이뤄지기 시작한 것입니다.

　처음 기도할 때는 아무것도 없습니다. 그러나 기도하다 보면 하나님이 행하시리라는 믿음이 생기면서 흥분되기 시작합니다. 여전히 실체는 보이지 않지만 기도를 통해 일하시는 하나님을 만나게 되어 기대와 소망이 생기는 것입니다.

하나님은 이렇듯 역사하시기 전에 우리로 하여금 기도할 마음을 일으키십니다. 그리고 곳곳에 기도하는 사람을 두셔서 서로 만나게 하시고 함께 기도하게 하십니다.

1907년 평양대부흥운동이 일어나기 전에 이미 원산에서 기도운동이 있었습니다. 처음엔 적은 수의 사람들이 기도했으나 이 작은 불꽃이 점점 번져서 평양대부흥을 일으키게 되었습니다. 지난 시간 속에 일어난 부흥운동을 보면, 이렇게 작은 소망으로 시작된 기도하는 한 사람 한 사람이 모여 역사를 일으켰음을 알 수 있습니다. 한 사람의 기도는 작고 미미하지만 곳곳에 흩어진 그 한 사람 한 사람이 모이면 큰 역사를 일으킵니다.

기도하고 있습니까? 하나님이 일하신다는 강력한 사인임을 믿으십시오. 하나님의 일은 기도하는 한 사람에게서 시작됩니다.

아무리 대단한 일도 기도하지 않고 있다면 그것은 중요한 일이 아닙니다. 아무리 하찮은 일도 기도하고 있다면 아주 중요한 일입니다. 하나님의 일이기 때문입니다.

기도는 씨앗을 심는 일입니다. 씨앗을 심는 순간부터 하나님의 역사는 시작됩니다. 조만간 크고 비밀한 열매가 맺히기 시작할 것입니다.

갈망의 기도

기도는 언제 하게 될까요?

우리 안에 갈망이 일어날 때 기도합니다. 갈망이 일어나는 순간이 기도의 출발점입니다. 다른 사람들에겐 없는 갈망이 내 안에 일어났다면 기도하라는 하나님의 사인입니다. 갈망의 출처는 하나님이기 때문입니다.

> "너희 안에서 행하시는 이는 하나님이시니 자기의 기쁘신 뜻을 위하여 너희에게 소원을 두고 행하게 하시나니"(빌 2:13).

여기서 '너희 안'은 우리의 마음, 우리의 생각을 의미합니다. 하나님은 당신의 기쁘신 뜻을 위하여 우리의 마음과 생각에 당신의 소원을 두고 우리로 하여금 행하게 하십니다. 우리의 생각과 마음이 하나님이 역사하시는 장소인 것입니다. 하나님은 거기서 거룩한 소원, 열망을 일으키십니다.

세상 사람들도 소원과 열망을 갖습니다. 그러나 그들은 기도하지 않습니다. 하나님은 믿는 우리 안에 소원과 열망을 일으키시고 기도의 자리로 이끄십니다. 하나님의 역사를 일으킬 씨앗을 심게 하십니다.

기도하는 가운데, 말씀을 듣는 가운데 소원이 생겼다면, 갈망이 뜨겁게 일어났다면 기도하십시오. 씨앗을 심으십시오. 하나님께서 나를 통해 하나님의 일을 하기 시작하셨음을 믿으시기 바랍니다.

한나는 자식이 없어서 하나님께 간절히 기도한 여인입니다. 고대 사회에서 자녀가 없다는 것은 여인에게는 매우 불행한 일이었습니다. 다행히 한나의 남편 엘가나가 그녀를 끔찍이 사랑했지만, 엘가나의 또 다른 부인인 브닌나가 한나를 조롱했습니다.

"여호와께서 그에게 임신하지 못하게 하시므로 그의 적수인 브닌나가 그를 심히 격분하게 하여 괴롭게 하더라 매년 한나가 여호와의 집에 올라갈 때마다 남편이 그같이 하매 브닌나가 그를 격분시키므로 그가 울고 먹지 아니하니"(삼상 1:6-7).

브닌나를 가리켜 한나의 적수라고 합니다. 한나를 매우 괴롭히는 원수 같은 사람이라는 뜻입니다. 그러나 다른 한편으로 보면, 브닌나는 한나로 하여금 기도하게 만든 신실한 기도의 동역자라고 할 수 있습니다.

기도하지 않으면 안 되도록 만드는 사람이 있다면 그는 기도의 동역자입니다. "여호와께서 그에게 임신하지 못하게 하시므로"라고 했습니다. 한나가 임신하지 못하는 것도, 브닌나라는 적수가 그녀를 격분케 한 것도 하나님의 계획 속에 있는 것입니다. 한나는 마음이 격분함으로 기도하기 시작했습니다.

"한나가 마음이 괴로워서 여호와께 기도하고 통곡하며"(삼상 1:10).

한나가 기도의 씨앗을 심었는데 그것은 기도라기보다 한 맺힌 울부짖음에 가까웠습니다.

"그가 여호와 앞에 오래 기도하는 동안에 엘리가 그의 입을 주목한즉 한나가 속으로 말하매 입술만 움직이고 음성은 들리지 아니하므로 엘리는 그가 취한 줄로 생각한지라"(삼상 1:12-13).

엘리는 한나가 술 취한 줄로 오해했다고 합니다. 한나가 얼마나 기도했던지 얼굴이 붉어지고 마치 술 취한 사람처럼 읊조렸기 때문입니다. 한나의 기도는 단순한 기도가 아니었습니다. 단순한 갈망이 아니었습니다. 내면에서 솟구치는 강력한 욕구에서 나오는 기도였습니다.

한나가 하나님께 가져온 문제는 한편으로 당시 시대가 안고 있는 문제이기도 했습니다. 당시 이스라엘은 불임(不姙)의 시대를 살고 있었습니다. 영적으로 매우 어두워서 모든 것이 닫혀 있었습니다. 이런 때 한나의 한 맺힌 기도는 여호와 앞에 통심정(通心情)하는 기도가 되었습니다.

한국교회는 세계적으로 유례를 찾아볼 수 없을 만큼 짧은 기간에 폭발적으로 성장했습니다. 여기에는 기도의 힘이 가장 큽니다. 한국교회는 모이기를 힘써 기도하고, 한나처럼 부르짖는 기도를 합니다. 강력한 기도를 하는 것입니다.

한국교회가 이렇게 강력한 기도를 할 수 있는 데는 우리 민족의 한(恨)과 관련이 있습니다. 우리 민족의 노래와 춤, 악기에는 한이 서려 있습니다. 한나도 기도할 때 통곡하고 절규하고 탄식했습니다. 우리 역시 "하나님 살려 주세요. 우리는 죽을 수밖에 없습니다"라고 절규하며 통곡하고 탄식합니다. 우리 민족은 하나님이 긍휼을 베푸시지 않으면 살 길이 없기에 죽기 살기로 기도했습니다. 이것이 한국을 살리고, 한국 민족을 살리고, 한국교회를 살리고, 우리를 살렸습니다.

기도하면 소망이 있다

아프리카 부르키나파소에서 이틀 동안 목회자 세미나를 인도한 적이 있습니다. 2천여 명의 목회자가 모인 자리에서 말씀을 전하고 한국식으로 기도회를 인도했습니다.

아프리카의 상황은 매우 처절합니다. 제가 간 곳은 아프리카 중에서도 가장 빈국(貧國)이었습니다. 그런데도 아프리카 사람들은 계속 춤을 추었습니다. 그래선지 그들의 춤에선 애잔함이 묻어 나왔습니다.

그들은 평소 통성기도도 하지 않는다는데, 한국식으로 기도하는 법을 가르쳐 줬더니 가슴에서 뭔가 터져 나오며 순식간에 뜨거워지는 것을 보았습니다. 우리와 다르지 않은 정서를 갖고 있어서 그런가 봅니다. 흑인 영가를 들으면 가슴이 찌릿하면서 벅찬 감동을 느끼는 것도 같은 이유일 것입니다.

집회 중에 갑자기 먹구름이 몰려오더니 소나기가 퍼붓기 시작했습니다. 내 평생 그렇게 쏟아지는 비를 본 적이 없습니다. 마치 물동이로 퍼붓는 것 같았습니다. 그러니 아무 소리도 들을 수 없었습니다. 그런데 기도 소리가 그 빗소리를 압도했습니다. 그런 그들을 바라보며 그곳에 소망이 있음을 알았습니다.

그렇게 되면 삽니다. 갈망이 기도로 바뀌면, 절규와 탄식과 통곡이 기도로 바뀌면 삽니다. 하나님이 그 사람을 살려 주십니다. 하지만 갈망이 기도가 되지 않고 그대로 갈망으로 끝나면 아무것도 아닙니다.

그런데 갈망의 기도는 하고 싶다고 할 수 있는 게 아닙니다. 브닌나가 한나를 격분시키지 않았다면, 한나에게 자식 없는 아픔이 없었다면, 한나는 그렇게 기도하지 못했을 것입니다.

의자에 앉아 졸고 있는 엘리 제사장은 영적 어둠 상태에 있던 당시 시대상을 대변합니다. 그러니 당연히 갈망의 기도를 하지 않았을 것입니다. 기도해도 형식적이고 건성으로 했을 것입니다.

하나님은 건성으로 하는 기도에 귀 기울이시지 않습니다. 형식적으로 미사여구를 늘어놓는 기도는 듣지 않으십니다. 기도는 주시지 않으면 물러서지 않겠다는 각오로 기도해야 합니다. 기도에 간절함이 없다면 그것은 기도가 아닙니다.

갈망이 사라져 버리면 하나님 앞에 나아가는 문도 닫히게 됩니다. 한나의 태의 문이 닫힌 것이 아니라, 이스라엘의 영적인 태의 문이 닫힌 것입니다. 그런 시대에 한나는 갈망을 가지고 하나님께 나아갔습니다. 하나님의 역사가 더 이상 일어나지 않는 시대에 한나의 기도는 어둠의 먹구름을 걷어 내는 기도였습니다.

이스라엘의 어두운 역사를 밝힌 위대한 인물 사무엘의 출현은 한 여인의 한 맺힌 기도에서부터 시작되었습니다. 한나의 기도는 기도가 사라진 시대에 보기 힘든 희귀한 기도였던 것입니다.

아프리카에서 귀국하는 길에 프랑스 파리를 방문했습니다. 그곳 한인교회에 들러 예배도 드리고 목회자들도 만났습니다. 그런데 프랑스에선 여름휴가 기간인 2개월 동안 교회도 문을 닫는다는 이야기를 들었습니다. 세계에서 손에 꼽히는 부자 나라 프랑스에선 갈망을 발견할 수 없었습니다. '천국도 이만큼 좋으려나' 할 만큼 현재가 만족스러울 뿐입니다.

한나는 울다가 기도하다가 통곡하다가 지쳐 쓰러졌습니다. 체력이 바닥나고 시간을 잊을 때까지 끈질기게 기도했습니다.

편안할 때는 기도제목이 많습니다. 하지만 정말 심각할 때는 오직 한 가지밖에 기도하지 않습니다. 죽느냐 사느냐처럼 절박한 문제를 만나면 저절로 몰입하는 기도를 하게 됩니다. 아무것도 생각나지 않고 시간도 잊어버리고 끈질기게 기도하게 됩니다.

> "한나가 속으로 말하매 입술만 움직이고 음성은 들리지 아니하므로 엘리는 그가 취한 줄로 생각한지라 엘리가 그에게 이르되 네가 언제까지 취하여 있겠느냐 포도주를 끊으라 하니"(삼상 1:13-14).

한나가 마침내 기도를 마치자, 엘리 제사장이 한나에게 "술 취하지 말라. 술을 끊으라"고 말합니다. "참 별나게 기도한다. 흉측스럽구나. 좀 모양도 갖추고 매너 있게 기도하지" 하고 꾸짖은 것입니다. 영적 어둠에 잠긴 엘리 제사장은 기도다운 기도를 보고 오히려 점잖지 못하다고 책망했습니다.

하나님은 "너는 내게 부르짖으라" 하셨고, 하나님의 백성들은 깊은 탄식과 절규와 부르짖음으로 하나님께 기도합니다.

"그들이 아침에 일찍이 일어나 여호와 앞에 경배하고 돌아가 라마의 자기 집에 이르니라 엘가나가 그의 아내 한나와 동침하매 여호와께서 그를 생각하신지라 한나가 임신하고 때가 이르매 아들을 낳아 사무엘이라 이름하였으니 이는 내가 여호와께 그를 구하였다 함이더라"(삼상 1:19-20).

마침내 한나의 갈망하는 기도는 응답 받았습니다. 하나님이 한나를 돌아보심으로 한나가 임신을 한 것입니다.

"여호와께서 한나를 돌보시사 그로 하여금 임신하여 세 아들과 두 딸을 낳게 하셨고 아이 사무엘은 여호와 앞에서 자라니라"(삼상 2:21).

한나는 나중에 사무엘 외에도 세 아들과 두 딸을 낳았습니다. 기도의 씨앗을 뿌리자 여인의 태의 문이 열려 역전의 드라마를 써 내려가기 시작한 것입니다. 기도가 인생의 모든 닫힌 문을 열어 줍니다. 뿐만 아니라 이스라엘의 소망의 문도 열어 주었습니다.

기도한 만큼 미래를 산다
우리 안에 일어나는 갈망이 무엇인지 유심히 살펴보시기 바라니다. 내 안에서 기도가 시작된다는 것은 대단한 일입니다. 그 기도는 하나님의 사인이기 때문입니다.

고난도 기도하라는 하나님의 사인입니다. 기도하는 사람은 다른 사람들이 느끼지 못하는 위기감을 느낍니다. 그가 느끼는 위기감은 하나님께서 그로 하여금 기도하도록 주신 것입니다.

브라이언 트레이시(Brian Tracy)는 "위기의식을 가지고 사는 사람은 전체 인구의 2퍼센트에 불과하다"고 말했습니다. 위기는 언제든지 오지만 위기를 위기로 느끼는 사람은 많지 않습니다. 2퍼센트는 전체에 비해 소수이지만 하나님이 그들에게 기도하게 하시고, 역사(歷史)를 전환하는 일에 그들을 사용하십니다. 오늘날 많은 사람들이 한국교회가 위기라고 입을 모읍니다. 하지만 안타깝게도 위기의식을 느끼고 기도하는 사람은 많지 않은 것 같습니다.

이스라엘 왕 히스기야는 자신에게 죽음이 임박한 것을 알고 하나님께 엎드렸습니다. 죽음이라는 절망적인 사건 앞에서 위기의식을 느끼고 생명을 걸고 기도했습니다.

죽을병에 걸리면 당연히 기도할 것 같지만 다 그런 것은 아닙니다. 문제를 만나면 당연히 기도할 것 같지만 그렇지 않습니다. 많은 사람들이 기도하기보다 인간적인 방법으로 해결하려고 동분서주합니다.

평소에 기도하지 않는 사람은 위기의 순간이 와도 기도하지 않습니다. 평소에 기도하던 사람이 위기를 느끼고 기도하는 것입니다.

아직 날지 못하는 새끼 새들은 둥지에서 어미 새가 날아오기를 갈망합니다. 그러다 어미 새가 오면 일제히 주둥이를 벌리고 둥지 앞으로 나아갑니다. 그러면 어미 새는 가장 많이 갈망하는 새끼에게 먼저 먹이를 먹입니다. 먹이를 한 번 먹은 녀석은 아직 먹지 않은 녀석보다 주둥이를 더 작게 벌립니다. 이것이 갈망의 모습을 잘 보여줍니다.

기도하는 모습을 보면 그 사람의 인생을 알 수 있습니다. 기도의 내용을 보면 그가 그리는 인생의 그림을 알 수 있습니다. 인생은 기도보다 결코 클 수 없습니다. 하나님은 "나는 너를 애굽 땅에서 인도하여 낸 여호와 네 하나님이니 네 입을 크게 열라 내가 채우리라"(시 81:10)고 말씀하셨습니다. 하나님은 상상을 초월하는 능력과 역사를 베푸시는 분이기 때문에 입을 최대한 크게 열라는 의미입니다. 하나님을 크게 갈망하라는 뜻입니다.

기도가 작은 사람은 그의 그릇이 작거나 하나님을 그렇게 작은 분으로 알고 있기 때문입니다. 그런 사람에게 하나님이 이뤄 주실 것은 없습니다. 기도가 곧 미래입니다. 기도한 내용이 그대로 미래가 될 것입니다. "네 입을 크게 열라"는 것은 하나님에 대한 기대감을 가지라는 의미입니다. 위대하고 큰일을 행하신 주 여호와를 갈망하라는 뜻입니다. 아무리 크게 벌려도 하나님만큼 크지 않습니다. 그러므로 입을 크게 벌려 기도하십시오. 그것이 여러분의 미래가 될 것입니다.

"당신의 성령이 하시는 역사가 갑절이나 내게 있게 하소서"(왕하 2:9).

엘리야 곁에서 그의 위대한 행적을 지켜본 제자인 엘리사가 승천하는 엘리야를 향해 그의 능력보다 갑절로 달라고 구하고 있습니다. 그야말로 입을 크게 연 것입니다. 엘리야가 위대한 선지자인 줄 알지만, 그를 사용한 하나님이 더 크신 분임을 알기에 엘리사는 이렇게 입을 크게 벌릴 수 있었습니다. 엘리사의 갈망이 얼마나 큰지, 뜨거운지 느껴지십니까?

마음속에서 갈망이 일어나고 있다면 무시하지 마십시오. 하나님의 사인입니다. 반대로 위기감을 느껴서 기도하고 싶을 수도 있습니다. 역시 하나님의 사인이므로 무시하지 마십시오. 기도하십시오. 당장에 기도의 씨앗을 심으십시오.

기도는 기차의 기관차와 같습니다. 기관차가 객차를 끌고 앞으로 나아가듯이, 기도는 우리 인생을 끌고 앞으로 나아갑니다. 기도하는 곳까지 우리 인생이 가는 것입니다. 기도하지 않습니까? 아무 일도 일어나지 않을 것입니다. 미래도 없을 것입니다.

오늘날 교회도 많고 기도하는 사람도 많지만, 갈망의 기도를 하는 사람은 2퍼센트밖에 되지 않을지 모릅니다. 한나의 갈망의 기도가 시대를 깨우는 기도가 되었듯이, 이 시대의 어둠을 밝히려면 갈망의 기도가 있어야 합니다. 통곡하고 절규하고 부르짖는 기도가 시대의 어둠을 몰아낼 것입니다. 하나님은 그렇게 기도하는 한 사람을 지금도 찾고 계십니다.

> "일을 행하시는 여호와, 그것을 만들며 성취하시는 여호와, 그의 이름을 여호와라 하는 이가 이와 같이 이르시도다 너는 내게 부르짖으라 내가 네게 응답하겠고 네가 알지 못하는 크고 은밀한 일을 네게 보이리라"(렘 33:2-3).

기도하는 사람이 역사의 주역(主役)이 됩니다. 하나님께서 그를 통해 하나님의 일을 이루실 것입니다. 그러므로 입을 크게 여십시오. 시대의 어둠을 몰아내도록 입을 크게 여십시오. 닫힌 것이 열리도록 간절하게 기도하십시오.

내 안에서 기도가 시작된다는 것은 대단한 일입니다.

그 기도는 하나님의 사인이기 때문입니다.

¹ 아닥사스다 왕 제이십년 니산월에 왕 앞에 포도주가 있기로 내가 그 포도주를 왕에게 드렸는데 이전에는 내가 왕 앞에서 수심이 없었더니 ² 왕이 내게 이르시되 네가 병이 없거늘 어찌하여 얼굴에 수심이 있느냐 이는 필연 네 마음에 근심이 있음이로다 하더라 그때에 내가 크게 두려워하여 ³ 왕께 대답하되 왕은 만세수를 하옵소서 내 조상들의 묘실이 있는 성읍이 이제까지 황폐하고 성문이 불탔사오니 내가 어찌 얼굴에 수심이 없사오리이까 하니 ⁴ 왕이 내게 이르시되 그러면 네가 무엇을 원하느냐 하시기로 내가 곧 하늘의 하나님께 묵도하고 ⁵ 왕에게 아뢰되 왕이 만일 좋게 여기시고 종이 왕의 목전에서 은혜를 얻었사오면 나를 유다 땅 나의 조상들의 묘실이 있는 성읍에 보내어 그 성을 건축하게 하옵소서 하였는데 ⁶ 그때에 왕후도 왕 곁에 앉아 있었더라 왕이 내게 이르시되 네가 몇 날에 다녀올 길이며 어느 때에 돌아오겠느냐 하고 왕이 나를 보내기를 좋게 여기시기로 내가 기한을 정하고 ⁷ 내가 또 왕에게 아뢰되 왕이 만일 좋게 여기시거든 강 서쪽 총독들에게 내리시는 조서를 내게 주사 그들이 나를 용납하여 유다에 들어가기까지 통과하게 하시고 ⁸ 또 왕의 삼림 감독 아삽에게 조서를 내리사 그가 성전에 속한 영문의 문과 성곽과 내가 들어갈 집을 위하여 들보로 쓸 재목을 내게 주게 하옵소서 하매 내 하나님의 선한 손이 나를 도우시므로 왕이 허락하고 ⁹ 군대 장관과 마병을 보내어 나와 함께 하게 하시기로 내가 강 서쪽에 있는 총독들에게 이르러 왕의 조서를 전하였더니 ¹⁰ 호론 사람 산발랏과 종이었던 암몬 사람 도비야가 이스라엘 자손을 흥왕하게 하려는 사람이 왔다 함을 듣고 심히 근심하더라

느헤미야 2:1-10

기도가 일을 낸다

사람의 마음을 얻으려면

느헤미야는 예루살렘의 무너진 성벽을 52일 만에 완공한 역사적인 일을 감당한 사람입니다. 대제국 페르시아 왕실 수산 궁의 술 관원으로서 그는 이방인의 땅에서 출세한 사람이었습니다. 술 관원은 왕의 최측근으로서 오늘날로 따지면 대통령 비서실장 정도라고 할 수 있습니다.

일반적으로 이렇게 세상적으로 성공하면 그 풍요에 취해서 자기중심적으로 살기 쉽습니다. 하지만 느헤미야는 그렇지 않았습니다.

느헤미야 1장을 보면, 예루살렘 성벽이 훼파되었다는 소식을 그의 형제 하나니가 느헤미야에게 전합니다. 그러자 느헤미야는 너무 슬퍼서 수일을 울었습니다.

> "내가 이 말을 듣고 앉아서 울고 수일 동안 슬퍼하며 하늘의 하나님 앞에 금식하며 기도하여"(느 1:4).

느헤미야는 지금 눈을 뜨고 있으나 감고 있으나 무너진 예루살렘 성벽 때문에 마음이 너무 괴롭습니다. 그래서 슬피 울었다고 합니다. 이것이 하나님이 주신 거룩한 부담감입니다. 이 부담감에 반응하면 그것이 곧 사명이 됩니다. 느헤미야는 그러지 않아도 현실의 안락한 삶을 누릴 수 있는 사람입니다. 그럼에도 그는 무너진 예루살렘 성벽에 온통 마음이 쏠렸습니다.

느헤미야는 이제 성벽을 재건하기로 마음을 굳힙니다. 그러려면 먼저 왕을 설득해 그가 예루살렘으로 갈 수 있도록 허락을 받아야 합니다.

느헤미야가 모시고 있는 아닥사스다 왕은 예루살렘 성이 재건되는 것을 썩 달가워하지 않을 것입니다. 그는 이미 과거에 예루살렘 성 재건 움직임이 있을 때 이를 방해한 적도 있습니다. 유대 민족이 독자적인 세력을 갖는 것이 제국의 왕으로서 반가울 리 없습니다. 그러니 섣불리 예루살렘 성 재건을 제안했다가는 느헤미야의 신상마

저 위험할 수 있었습니다. 성벽을 재건하려면 무엇보다 왕의 허락이 필요했고, 더 나아가 그의 적극적인 협조가 있다면 그 과정이 수월할 것입니다.

하지만 신하가 왕의 마음을 설득하기란 쉽지 않습니다. 그래서 느헤미야는 왕의 마음을 움직여 달라고 기도했습니다.

구소련이 70년 만에 공산주의의 문을 닫자 공산권 전체가 흔들렸고 세계 전체가 지각변동의 소용돌이에 빨려 들어갔습니다. 이 소용돌이의 중심에는 고르바초프가 있었습니다. 먼저 그의 마음이 움직이자 연쇄적으로 이처럼 큰 역사가 일어난 것입니다. 저는 이것이 하나님의 손길이라고 생각합니다.

하나님은 먼저 한 사람의 마음을 움직여서 역사를 운행하십니다. 바벨론의 포로로 끌려간 이스라엘 백성이 하나님의 약속대로 70년이 지난 뒤 이스라엘로 돌아올 수 있었던 것은, 하나님이 이방 왕 고레스의 마음을 움직였기 때문입니다. 그 한 사람의 마음을 움직여서 이스라엘 귀환이라는 역사적인 사건을 일으키신 것입니다.

하만의 음모에 의해 유대 민족이 몰살 위기에 처했을 때 에스더가 왕의 마음을 움직여서 그 상황을 역전시키기도 했습니다.

세상사가 아무리 복잡하게 얽히고설켜 있다 해도 한 사람의 마음을 움직이면 한순간에 상황이 역전되고, 한순간에 복잡한 것이 단순해집니다. 하다못해 자녀에게 심부름을 시키려도 그 자녀의 마음을 움직여야 합니다. 마음을 움직이는 것이 관건입니다.

하지만 사람의 마음만큼 복잡한 것이 없습니다. 또 사람의 마음만큼 변하지 않는 것도 없습니다. 모든 준비를 마쳤어도 사람의 마음을 얻지 못하면 아무것도 할 수 없습니다.

정치인들은 국민의 마음을 얻기 위해서 힘씁니다. 기업을 경영하는 사람들은 소비자의 마음을 얻기 위해 애를 씁니다. 사업하는 사람도 비즈니스를 성사시키기 위해 바이어의 마음을 움직이려 애씁니다. 하지만 매번 쉽지 않습니다. 그래서 오늘날 심리학이 다시 주목받고 처세술을 다룬 책이 인기입니다.

느헤미야는 가장 먼저 왕의 마음을 움직이는 것이 관건이라는 걸 알고 있었습니다. 그런데 느헤미야는 왕이 좋아하는 술이나 뇌물로 그 마음을 움직이려 하지 않았습니다. 세상적인 방법으로 접근하지 않은 것입니다. 그는 다만 기도했습니다. 하나님만이 사람의 마음을 움직일 수 있음을 믿었기 때문입니다.

"내 하나님의 선한 손이 나를 도우시므로 왕이 허락하고"(느 2:8).

그의 믿음대로 하나님께서 왕의 마음을 돌려놓으셨습니다. 아닥사스다 왕은 성격이 괴팍하고 고집이 세며 변덕이 심한 왕이었습니다. 인간적인 눈으로 보면 그런 사람의 마음을 움직인다는 것은 도박을 하는 것처럼 매우 위험한 일입니다. 섣부르게 왕을 설득하려고 나섰다간 왕의 마음을 돌려놓기는커녕 어떤 재앙을 맞을지 몰랐습니다. 느헤미야는 자기가 할 수 있는 게 기도밖에 없음을 일찌감치 간파하고 조용히 기도하며 기다렸습니다. 느헤미야는 문제를 가져가면 답을 줄 이가 하나님이심을 정확하게 알고 있었습니다. 과녁을 정확하게 겨누고 기도한 것입니다.

기도하는 사람은 하나님이 하시면 될 것이라는 신뢰로 가득 차 있습니다. 느헤미야는 아무리 까다로운 사람이라도 하나님이 개입하시면 다룰 수 있다는 믿음을 가지고 있었습니다. 혹시 인간관계로 힘들다면 섣불리 풀려 하지 말고 먼저 기도하십시오. 인간관계만큼 복잡미묘한 게 없어서 내가 뭘 해보려 했다간 더 악화될 수 있습니다. 하나님께 맡겨야 합니다. 그것이 상책입니다.

잘 기다리는 것이 중요하다

느헤미야는 기도한 다음에 기다렸습니다. 1장과 2장 사이에 약 4개월간의 시간이 흘렀습니다. 간절한 소원이 있는 사람에게 4개월은 결코 짧지 않습니다.

우리는 기도하면 즉각 응답되기를 바라지만 대부분의 경우 응답되기까지 기다리는 시간이 필요합니다. 이것은 결과가 아니라 과정을 중요하게 여기시는 하나님의 방식입니다. 하나님은 우리가 응답 받음으로써 은혜 받기를 원하시는 만큼 그 과정에서 은혜 받기를 원하십니다. 기다리는 과정에서 우리가 하나님의 사람으로 훈련되기를 바라십니다. 실제로 응답 받기까지 기다리면서 받는 은혜와 훈련이 얼마나 놀랍고 감동적인지 모릅니다.

현대 사회에서 인내심은 경쟁력 있는 미덕입니다. 그만큼 현대인은 기다리는 일에 무능합니다. 어느 연구 조사에 따르면, 기다리지 못하는 아이들은 마약에 빠질 가능성이 매우 높다고 합니다. 세상의 모든 좋은 것은 인내심을 통해 얻은 것입니다. 당장 주면 좋을 것 같지만 그렇지 않습니다. 기다리는 과정을 통해 하나님은 우리로 하여금 당신을 깊이 신뢰하고 인내하도록 훈련하십니다.

신앙의 훈련도 기도하고 응답 받는 과정에서 이루어집니다. 기도하고 기다리며 인내하는 중에 우리의 신앙이 성장합니다. 신앙이 성숙해지면 문제가 되고 걸림이 되었던 것이 더 이상 문제가 되지 않습니다. 문제가 해결되지 않아도 상관이 없게 됩니다. 하나님과 친밀해짐으로써 이미 마음의 평화를 누리게 되었기 때문입니다.

우리는 쉽게 응답 받으면 좀처럼 기도하지 않을 사람들입니다. 그렇지 않습니까? 기도하지 않는 사람이 되는 것이 바로 저주이고 심판입니다.

인내하며 기도하다 보면 하나님과 친밀해지고, 그러면 하나님의 지혜를 배우게 되고, 기도의 능력을 경험하게 되고, 나중에는 다른 사람을 위해서도 기도하게 됩니다. 기도의 사람이 되는 것입니다. 이것이 축복입니다. 기도하고 기다리며 인내를 훈련하는 기도의 사람이 되는 것이 진정한 축복입니다.

기도했는데 응답이 빨리 되지 않습니까? 하나님의 계획과 뜻이 있음을 믿으십시오. 기다리는 중에 주시는 은혜가 큰 줄 믿고 감사함으로 기도의 자리를 지키십시오. 기도를 포기하지만 않으면 반드시 승리하게 됩니다.

그런데 기다리는 것이 어디 쉽습니까? 자꾸 조급증이 나서 내 힘으로 해결하려 애를 쓰게 되고 급기야 기도를 포기하게 됩니다. 하지만 하나님이 응답을 지체하시는 것은 나를 믿기 때문입니다. 나를 사랑하시기 때문입니다. 우리는 빨리 응답 받는 것이 하나님의 사랑을 입증하는 것이라 생각하지만 그렇지 않습니다.

느헤미야는 기도해야 할 때와 기다려야 할 때를 알았습니다. 그래서 그는 서두르지 않고 인내하며 꾸준히 기도했습니다. 하나님의 응답을 기다리는 시간은 결단코 낭비하는 시간이 아닙니다. 기도한 후 기다리는 일에 실패하지 않는다면 하나님의 역사를 반드시 경험하게 될 것입니다.

응답 받을 준비가 필요하다

"왕이 내게 이르시되 네가 병이 없거늘 어찌하여 얼굴에 수심이 있느냐 이는 필연 네 마음에 근심이 있음이로다 하더라"(느 2:2).

느헤미야의 얼굴에 수심이 가득하다고 합니다. 기도한다고 근심과 염려가 전혀 없는 것이 아닙니다. 기도하는 것과 현실이 너무 괴리되어 있으면 기도하는 사람이라도 근심하게 됩니다. 그렇더라도 기도의 줄을 놓으면 안 됩니다. 낙심되더라도 기도의 자리를 지켜야 합니다.

기도의 자리를 끝까지 지켰더니 왕이 마침내 느헤미야에게 "네가 무엇을 원하느냐"고 물었습니다. 드디어 기도가 응답된 것입니다.

왕의 마음이 변한 것은 기적입니다. 아닥사스다 왕보다 더 높으신 하나님께서 왕의 마음을 바꾸어 주신 것입니다. 그 순간에도 느헤미야는 기도했습니다.

"내가 곧 하늘의 하나님께 묵도하고"(느 2:4).

기다리던 기회가 오자 느헤미야는 행동에 옮기기에 앞서 하나님께 기도했습니다. 아주 짧은 기도였지만 하나님께 도우심을 구한 것입니다. 이를 통해 우리는 느헤미야가 매 순간 하나님께 기도하던 사람이었음을 알 수 있습니다. 느헤미야서의 뒷부분을 보면 거대한 성벽 재건이 52일 동안 빠른 속도로 진행되는데, 이때도 느헤미야는 순간순간 무릎을 꿇었습니다. 느헤미야는 이처럼 지루할 정도로 아무 일이 일어나지 않아도 기도했을 뿐 아니라 굉장히 다급한 상황에서도 기도했습니다.

오랫동안 기다리던 기회인 만큼 섣불리 행동해선 안 되었습니다. 그래서 느헤미야는 민감하게 반응하며 하나님께 도우심을 구했습니다. 느헤미야의 이 같은 영성은 기도가 습관이 된 사람만이 가질 수 있는 것입니다.

한국교회는 그동안 주일 성수를 강조해서 가르쳤습니다. 그런데 주일만 강조하다 보니 나머지 6일은 제멋대로 살아도 되는 것으로 오해하게 되었습니다. 주일을 구별해 예배드리는 것은 우리 삶이 하나님을 예배하는 삶임을 고백하기 위함입니다. 당연히 나머지 6일의 삶도 하나님께 예배드리는 삶이어야 합니다. 십의 일을 드리는 십일조 역시 나머지 십의 구도 하나님의 것임을 잊지 않기 위해서 드리는 것입니다. 우리가 가진 모든 소유는 하나님의 것입니다. 우리는 다만 하나님의 것을 관리하는 청지기일 뿐입니다. 이 청지기 정신을 잃지 않아야 제대로 된 십일조와 예배를 드릴 수 있습니다.

느헤미야는 마침내 왕의 전폭적인 지원 아래 예루살렘을 향해 갔습니다. 왕은 페르시아의 친위대뿐 아니라 성벽 재건에 필요한 제반을 지원해 주었습니다. 왕의 마음이 움직이니 불가능해 보이던 일이 한순간에 가능한 일이 되었고 갑자기 속도가 붙기 시작했습니다. 일의 결정권을 가진 사람의 마음을 움직이면 그때부터 일사천리로 일이 진행됩니다. 하나님이 개입하시면 제아무리 권력자라도 하나님의 뜻에 따라 움직이게 됩니다.

이제 느헤미야의 손이 아주 바빠졌습니다. 하지만 그는 이미 준비된 사람이었습니다. 기도해 놓고 대책 없이 기다리기만 하지 않았습니다. 기도한 대로 이루어졌을 때 감당할 능력을 키운 것입니다.

우리는 응답을 걱정하지만, 하나님은 우리가 응답에 대해 감당할 능력이 있는지를 걱정하십니다. 기도한다면 응답 받을 준비도 해야 합니다.

느헤미야는 기도했을 뿐 아니라 기다리면서 감당할 준비를 철저히 했습니다. 성벽 재건에 돌입하자 그는 일사천리로 진행해서 52일 만에 완성했습니다. 이는 그가 기도하며 기다리는 동안 정말 치밀하게 준비했기에 가능한 성과입니다.

하나님이 축복하지 않아서가 아니라 내가 준비되어 있지 않아서 문제일 때가 많습니다. 느헤미야처럼 기도했으면 치밀하게 준비해야 합니다. 하나님이 응답하시면 얼마든지 감당할 수 있도록 준비해야 합니다. 우리가 준비되어 있으면 하나님은 놀라운 일들을 행하십니다.

응답 받았더라도 어려움은 있다

느헤미야가 왕의 허락을 받고 예루살렘으로 들어갔습니다. 이때 예루살렘의 성벽 재건을 못마땅하게 여기던 사람들이 있었습니다. 도비야와 산발랏 같은 사람입니다. 이들은 이스라엘 백성들 사이에서 공포감을 조성해 교란작전을 펴는 등 적극적으로 성벽 재건을 방해했습니다.

그런 탓에 느헤미야는 내부적, 외부적인 공격을 받고 여러 번 공사를 중단할 위기를 맞았습니다. 이처럼 기도 응답을 받았다고 해서 끝난 것이 아닙니다. 하나님이 허락하셨어도 우리의 일을 흔들어 놓는 훼방꾼이 있습니다.

우리는 신앙생활을 하면서 하나님의 뜻이 분명한데도 일이 생각처럼 잘 안 풀릴 때 어려움을 겪습니다. 기도하고 응답 받았으면 일사천리로 진행되어야 하는데, 자꾸 어려움이 생기고 문제가 복잡해지는 것입니다. 기도의 응답이 현실화되기까지 팽팽한 긴장감이 흐르는 것입니다.

그런데 하나님의 사람은 이런 방해와 장애와 어려움이 있을 줄 각오해야 합니다. 기도하는 사람은 남이 가지 않은 길을 가는 개척자입니다. 하나님이 인도하시는 길은 세상의 길이 아니라서 낯설 수밖에 없습니다. 당연히 장애물이 많습니다.

문제는 이 장애물을 바라보는 관점입니다. 장애물을 만나 위축이 되면 넘어질 수밖에 없습니다. 그러나 당연히 장애물이 있을 줄로 여기면 당황하지 않습니다. 넘어지지 않습니다. 마라톤을 완주하는 것이 그렇게 어렵다고 합니다. 하지만 자신이 완주할 것이라고 확신하면 어렵지 않게 완주할 수 있다고 합니다.

느헤미야는 조롱과 협박, 모함이라는 장애물을 만났지만 기죽지 않았습니다.

> "하늘의 하나님이 우리를 형통하게 하시리니 그의 종들인 우리가 일어나 건축하려니와 오직 너희에게는 예루살렘에서 아무 기업도 없고 권리도 없고 기억되는 바도 없다 하였느니라"(느 2:20).

느헤미야는 너희가 무슨 말을 하든 하나님이 우리를 형통하게 하실 것이라고 말하고 있습니다. 느헤미야의 중심에는 하나님이 있었습니다. 그는 무슨 일이든지 기도로 해결해 나갔습니다.

하나님만 온전히 바라보고 있으면 우리를 위협하는 사람이나 환경은 아무것도 아닙니다. 장애물 때문에 흔들리는 것이 아니라 하나님을 분명하게 붙잡지 않기 때문에 흔들리는 것입니다. 누가 나를 방해하느냐가 아니라 누가 나와 함께하느냐가 핵심입니다. 하나님께서 형통하게 하신다고 했다면 문제될 것이 없습니다. 우리 자신감의 근거는 하나님입니다. 그분이 우리의 편이 되어 주시니 두려울 게 없는 것입니다.

느헤미야는 수산 궁에서 편안하게 살 수도 있었지만, 하나님은 그를 불러내시어 이스라엘의 새로운 부흥기를 맞이하는 일에 준비하는 자로 사용하셨습니다. 하나님을 중심에 모시고 무슨 일이든지 기도로 헤쳐 나간 느헤미야를 하나님은 역사의 중심에 세우시고 놀라운 일을 이루셨습니다.

하나님은 지금도 느헤미야와 같은 한 사람을 찾고 계십니다. 문제를 만났다면 먼저 기도하십시오. 응답이 지체되더라도 기다리며 인내하는 훈련을 받으십시오. 기도의 응답이 나타나는 기회가 왔다면 하나님의 지혜를 구하십시오. 마침내 하나님의 역사를 이루는 일에 들어섰다면 그 길에 방해가 있을 줄로 여기십시오. 온갖 방해와 박해와 핍박이 있을 줄로 알고 묵묵히 돌파하십시오. 그러면 어느새 역사의 한복판에 서 있는 자신을 발견하게 될 것입니다.

¹⁰ 여호와께서 이와 같이 말씀하시니라 바벨론에서 칠십 년이 차면 내가 너희를 돌보고 나의 선한 말을 너희에게 성취하여 너희를 이곳으로 돌아오게 하리라 ¹¹ 여호와의 말씀이니라 너희를 향한 나의 생각을 내가 아나니 평안이요 재앙이 아니니라 너희에게 미래와 희망을 주는 것이니라 ¹² 너희가 내게 부르짖으며 내게 와서 기도하면 내가 너희들의 기도를 들을 것이요 ¹³ 너희가 온 마음으로 나를 구하면 나를 찾을 것이요 나를 만나리라 ¹⁴ 이것은 여호와의 말씀이니라 나는 너희들을 만날 것이며 너희를 포로된 중에서 다시 돌아오게 하되 내가 쫓아 보내었던 나라들과 모든 곳에서 모아 사로잡혀 떠났던 그곳으로 돌아오게 하리라 이것은 여호와의 말씀이니라

예레미야 29:10-14

기도가 위기에 빛을 발한다

위기를 통해 기도를 배운다

어느 누구도 위기를 환영하지 않을 것입니다. 우리는 모두 편안한 삶을 원합니다. 하지만 어떤 인생도 편안하고 축복만 있지 않습니다. 성경을 보면 축복은 위기를 통과한 뒤에 얻는다는 것을 알 수 있습니다. 위기를 이기고 극복하는 사람이 능력 있는 사람입니다.

위기가 축복이 될 수 있는 이유는 기도를 배울 수 있기 때문입니다. 위기는 인간의 한계를 넘어서는 일이기 때문에 우리가 쉽게 다룰 수 있는 것이 아닙니다. 그런데 위기를 이길 수 있는 딱 한 가지 길이 있는데 그것은 기도를 배우는 것입니다. 기도를 배우기만 하면 위기를 축복으로 바꿀 수 있습니다.

　믿는 자들은 기도가 중요하다는 것을 너무나 잘 압니다. 하지만 안다고 해서 모두 기도하는 것은 아닙니다. 많은 사람들이 기도는 하지만 형식적으로 합니다. 또한 위기가 닥치거나 문제가 생기면 기도합니다. 기도가 최선이 아니라 최후의 수단인 것입니다.

　문제가 생겨서 기도하는 일은 누구나 합니다. 하지만 기도를 내 삶의 중심에 놓고 기도하는 일은 아무나 하지 않습니다. 우리가 어려움을 겪는 이유는 기도를 마지막 수단으로 삼기 때문입니다. 기도를 제대로 배워야 위기를 이길 수 있는데, 기도를 제대로 배우지 않으니 번번이 넘어지는 것입니다.

　많은 사람들이 평안할 때는 기도하지 않습니다. 신앙생활을 잘못 배웠기 때문입니다. 또한 기도를 거부하는 본성, 죄성 때문에 그렇습니다. 인간은 자기 힘으로 살아가고자 하는 완악한 존재입니다. 하나님마저 거추장스러워하는 교만한 존재입니다. 이것이 곧 탕자의 심리입니다. 하나님 없이 살고자 하는 욕망, 하나님처럼 되고자 하는 교만이 인생을 불행하게 만듭니다.

　평안할 때도 기도하는 사람은 하나님 앞에서 철저히 불쌍한 자가 된 사람입니다. 믿음의 선조들은 "하나님, 이 죄인을 불쌍히 여겨 주옵소서. 저에게는 선한 것이 없습니다. 제겐 어떤 것도 의지할 것이 없습니다. 하나님이 버리시면 갈 곳이 없습니다" 하고 겸손하고 가난한 심령으로 하나님께 나아갔습니다. 내가 잘났다고, 능력 있다고, 내 인생은 내가 책임지겠다고 하는 사람은 기도할 수 없습니다. 기도는 가난한 심령이 되어야 할 수 있습니다.

오늘 한국교회에서 기도의 열정이 식어 가는 것을 봅니다. 말씀으로, 세미나로, 책으로 무수히 기도에 대한 도전을 받아도 기도하지 않는 이유는 갈급함이 없기 때문입니다. 우리의 본성을 꺾는 일이기 때문에 기도하기가 쉽지 않습니다.

그런데 그렇게 기도하지 않던 사람도 위기를 맞으면 기도합니다. 그래서 위기는 축복입니다.

기도에 헌신한 사람들을 보면 자주 위기를 경험했음을 알 수 있습니다. 기도하지 않으면 안 되는 벼랑 끝으로 몰려 부르짖다 보니 영의 세계 안으로 깊이 들어간 것입니다.

누구나 위기를 환영하지 않지만, 지나고 보면 그 위기가 기도를 배우게 하고 하나님을 경험하게 하며 나를 나답게 만든다는 것을 알게 됩니다.

위기의식이 사명이 된다

"너희가 내게 부르짖으며 내게 와서 기도하면… 너희가 온 마음으로 나를 구하면"(렘 29:12-13).

한국교회의 통성기도는 영어로 'Korean-Style Prayer'라고 부를 만큼 세계적으로 유명합니다. 수영로교회의 산상기도는 30년 역사를 자랑하는데, 이는 한국교회의 영성이기도 합니다. 삼삼오오 모여 산에 올라 개인 기도는 물론이고, 구국의 기도를 한목소리로 부르짖곤 했습니다. 산상기도와 새벽기도, 철야기도는 한국교회의 자랑스런 전통입니다. 그런데 이렇게 부르짖는 기도를 한 것은 한국 사회가 그만큼 어둡고 소망이 없었기 때문입니다.

생명을 건 기도의 투지가 한국교회를 낳았고 한국교회의 번영을 가져왔습니다. 위기가 기도하게 한 것입니다. 그래서 위기는 축복이라고 할 수 있습니다. 위기는 우리를 잡초처럼 강하게 만듭니다.

인간이 타락한 후 모든 인생은 위기 가운데 살게 되었습니다. 인생에서 위기는 특별한 게 아니라 당연한 것입니다.

다니엘은 이방 나라의 포로 신분으로서 사느냐 죽느냐는 절체절명의 순간에도 기도하기를 멈추지 않았습니다. 엘리야는 백성을 우상숭배의 자리로 이끄는 아합 왕에 맞서 신앙을 지키는 사명을 위해 기도했습니다. 마가의 다락방에 모인 120명의 문도들은 그들에게 닥칠지도 모를 위기 앞에서 기도에 힘썼습니다.

이어령 교수는 20대에 베스트셀러를 쓴 한국 지성의 상징입니다. 오랜 세월 지성과 논리로 무장한 무신론자로 살던 그가 하나님께 무릎을 꿇은 것은 위기 때문이었습니다.

사랑하는 딸의 실명 위기, 손자의 죽음, 그리고 딸의 이혼… 그는 그토록 자랑해 마지않던 지성이 이 위기의 순간에 아무런 힘도 발휘하지 못함을 깨닫고 하나님께 부르짖었습니다. 사랑하는 딸을 실명의 위기에서 건져 주신다면 하나님을 믿겠다고 부르짖어 기도했습니다.

유명 작가 박완서 씨도 하나뿐인 아들을 먼저 보내고 당시의 고통과 아픔을 "하나님! 한 말씀만 하소서!"라고 묘사했습니다. 그것은 하나님을 향한 부르짖음이었습니다.

부르짖는다는 것은 단순히 소리치는 것이 아닙니다. 무슨 말을 할 수 없을 만큼 북받치는 감정을 하나님께 쏟아내는 것입니다. 가감하지 않은 감정을 쏟아내는 그 사람을 하나님은 만나 주십니다.

모든 불행은 갑작스럽게 찾아옵니다. 그래서 위기 앞에서 당황하지 않는 사람은 없습니다. 하지만 이때 위기를 허락하신 하나님의 뜻과 계획을 발견할 수 있어야 합니다.

특히 그리스도인은 세상 사람과 다른 삶을 사는 사람입니다. 남들이 가지 않는 길을 굳이 가는 사람들입니다. 그래서 그리스도인이라서 만나는 위기와 어려움이 있습니다. 진정한 그리스도인이라면 세상 속에서 불이익을 당할 수 있고 수많은 위기를 만나게 될 것입니다.

성경에 나오는 선지자들은 하나같이 위기의 시대를 살았습니다.

예레미야의 시대는 그야말로 위기 중의 위기였습니다. 개인은 물론이고 국가적으로도 위기였습니다. 하지만 거짓 선지자들과 제사장들은 위기를 부정했을 뿐 아니라 오히려 평안을 약속했습니다. 그러면서 진실을 말하는 예레미야를 핍박하고 모함했습니다. 갖은 수모를 당하면서도 예레미야는 국가적 위기를 끌어안고 하나님께 나아갔습니다.

영적으로 민감한 사람들은 위기를 느낍니다. 그리고 그것이 곧 사명이 됩니다. 하나님은 위기를 느끼는 사람을 사용하십니다.

오늘날은 지구촌 전체가 위기를 겪고 있습니다. 환경 문제는 갈수록 심각해지고 있고, 빈부 격차는 갈수록 양극화되고 있고, 인간의 범죄가 갈수록 끔찍해지고 있습니다. 음란하고 퇴폐적이며 폭력적인 문화가 판을 치고 있고, 이단과 사이비가 난무하고 있으며, 깨지고 분열되고 딱딱해진 마음으로 서로를 불신하고 미워하고 증오하게 되었습니다.

오늘날은 이처럼 기도하지 않으면 견딜 수 없는 시대입니다. 예레미야와 같이 위기의식을 가지고 기도하는 사람이 필요한 시대입니다.

위기의식은 기도하라는 하나님의 부르심입니다. 하나님은 기도하라고 부르신 뒤 시대가 처한 위기를 정확하게 이해하게 하여 하나님께 부르짖는 시대의 파수꾼으로 세우십니다. 시대의 위기를 돌파하려면 한두 사람으로 시작되어 불길이 번지는 기도운동이 일어나야 합니다.

위기의 순간에는 본질에 충실해집니다. 기도할 때 쓸데없는 군더더기는 버리고 핵심을 붙들고 집중적으로 기도하게 됩니다. 중언부언하고 옆으로 새고 마지못해 기도하고 있다면 하나님이 주시는 동기부여가 분명하지 않은 것입니다. 부르짖는 기도는 마치 야곱이 얍복나루에서 하나님의 사자와 치열한 씨름을 한 것과 같습니다. 한순간도 마음을 놓을 수 없는 팽팽한 긴장감 속에서 하는 기도입니다. 아차 하는 순간에 죽을지도 모른다는 긴박감으로 하는 기도입니다.

부르짖는 기도는 초점을 정확하게 맞춘 기도입니다. 하나님 외에 다른 것이 전혀 보이지 않을 때 부르짖는 기도를 할 수 있습니다.

위기의식은 하나님의 부르심이다

부르짖는 기도는 믿음의 기도입니다. 하나님만이 하실 수 있다는 확고한 믿음이 없으면 부르짖는 기도를 할 수 없습니다. 예레미야 29장 10절을 보면, 예레미야가 하나님께서 70년이 차면 이스라엘 백성을 고국으로 돌아오게 하신다는 예언을 전하고 있습니다. 그런데 중요한 것은 고국으로 돌아가는 것이 아니라 그들의 마음을 하나님께로 돌이키는 것입니다.

예레미야가 안타까워하며 부르짖으라고 하는 이유는 당시 이스라엘 백성의 영적 무감각을 꾸짖기 위해서입니다. 이스라엘 백성은 당장 곪아 터져 죽기 직전인데 평안을 외치는 거짓 선지자들의 말에 속아 넘어가서 위기의식을 전혀 느끼지 못하고 있었습니다. 그런 이스라엘 백성들 때문에 예레미야의 눈에는 눈물이 마를 날이 없었습니다. 아무리 울어도 함께 울어 주는 이가 없고 시대의 위기는 시시각각 심각해지니, 예레미야는 홀로 시대의 위기를 끌어안고 통회하며 목회해야 했습니다.

그러므로 부르짖는다는 것은 영적으로 깨어 있지 않으면 불가능한 것입니다. 우리 모두 영적으로 깨어서 부르짖는 일에 동참해야 합니다. 나의 영적인 상태에 대해 하나님이 깨닫게 해주실 때도 위기감을 가지고 기도한다면 살게 될 줄 믿습니다. 그렇지 않으면 나도 모르게 영이 죽어 가게 됩니다. 뿐만 아니라 자녀와 이웃, 교회, 한국 땅과 열방을 바라보며 위기의식을 느끼고 부르짖는 기도를 해야 합니다. 그럴 때 하나님께서 회복의 역사를 일으키실 것입니다.

"내 이름으로 일컫는 내 백성이 그들의 악한 길에서 떠나 스스로 낮추고 기도하여 내 얼굴을 찾으면 내가 하늘에서 듣고 그들의 죄를 사하고 그들의 땅을 고칠지라"(대하 7:14).

느헤미야는 조국의 성벽이 훼파되었다는 소식을 듣고 슬퍼하며 금식하고 기도합니다.

> "나와 내 아버지의 집이 범죄하여 주를 향하여 크게 악을 행하여"(느 1:6-7).

느헤미야는 자신도 범죄하였다고 고백하고 있습니다. 멀리 떨어진 조국의 성벽이 훼파된 것은 나와 전혀 상관없는 것이라고 말할 수 있는데도 그는 그것이 곧 나의 죄라고 말하고 있습니다. 이것이 각성입니다. 뉴스를 통해 사건 사고를 접했을 때, 우리가 나와 상관없다면서 손가락질하고 비난하는 동안 하나님의 사람은 그것이 나의 죄라고 고백하며 하나님께 부르짖습니다.

하나님은 예레미야를 통해 부르짖기만 하면 회복시켜 주실 것이라고 말씀하십니다.

> "너희를 향한 나의 생각을 내가 아나니 평안이요 재앙이 아니니라 너희에게 미래와 희망을 주는 것이니라"(렘 29:11).

하나님은 우리에게 평안과 희망과 미래를 주기 원하십니다. 부르짖기만 하면 그러겠다고 하십니다.

마가의 다락방에 모인 120 문도들은 주님의 말씀 하나만 붙잡고

좁은 공간에서 기도에 힘썼습니다. 위기의식을 느껴 부르짖는 기도를 한 것이 교회를 낳았습니다.

시편 51편의 부제는 '다윗이 밧세바와 동침한 후 선지자 나단이 그에게 왔을 때'이고, 시편 56편의 부제는 '다윗이 가드에서 블레셋인에게 잡힌 때에'이며, 57편은 '다윗이 사울을 피하여 굴에 있던 때에'이고, 63편은 '유다 광야에 있을 때에'입니다. 모두 위기의 순간입니다. 다윗은 이처럼 위기의 순간에 기도했습니다. 위기를 통해 영성이 살아납니다.

위기를 통해 배운 기도는 다릅니다. 위기를 통해 만들어진 단단한 근육질은 세상을 이기게 합니다. 믿는 자는 세상을 이기는 자가 되어야 합니다. 모든 위기를 뚫고 나갈 수 있는 힘이 기도 안에 있습니다.

위기 가운데 있습니까? 두려워 떨지만 말고 무릎을 꿇으십시오. 각종 지식과 교리로만 믿었던 것들, 편안한 삶만을 축복으로 여겼던 생각을 내려놓고 하나님께 결사적으로 나아가 하나님을 만나고, 경험하고, 그분의 능력을 체험하십시오.

지금은 위기의 시대입니다. 위기의식을 느껴야 마땅합니다. 만일 위기의식을 느낀다면 기도하라는 하나님의 부르심입니다. 하나님의 부르심에 순종으로 나아가 그냥 기도하지 말고 부르짖는 기도를 하십시오. 그 기도를 통해 내가 더욱 강한 자로 세워질 뿐만 아니라 이 땅에 묶여 있던 것들이 풀어지게 될 것입니다.

부르짖음은 영적으로 깨어 있지 않으면 불가능합니다. 오늘 안타까운 이웃과 민족과 나라를 위해 부르짖는 기도를 하시기 바랍니다.

1 만군의 여호와여 주의 장막이 어찌 그리 사랑스러운지요 2 내 영혼이 여호와의 궁정을 사모하여 쇠약함이여 내 마음과 육체가 살아 계시는 하나님께 부르짖나이다 3 나의 왕, 나의 하나님, 만군의 여호와여 주의 제단에서 참새도 제 집을 얻고 제비도 새끼 둘 보금자리를 얻었나이다 4 주의 집에 사는 자들은 복이 있나니 그들이 항상 주를 찬송하리이다 (셀라) 5 주께 힘을 얻고 그 마음에 시온의 대로가 있는 자는 복이 있나이다 6 그들이 눈물 골짜기로 지나갈 때에 그곳에 많은 샘이 있을 것이며 이른 비가 복을 채워 주나이다 7 그들은 힘을 얻고 더 얻어 나아가 시온에서 하나님 앞에 각기 나타나리이다 8 만군의 하나님 여호와여 내 기도를 들으소서 야곱의 하나님이여 귀를 기울이소서 (셀라) 9 우리 방패이신 하나님이여 주께서 기름 부으신 자의 얼굴을 살펴보옵소서 10 주의 궁정에서의 한 날이 다른 곳에서의 천 날보다 나은즉 악인의 장막에 사는 것보다 내 하나님의 성전 문지기로 있는 것이 좋사오니 11 여호와 하나님은 해요 방패이시라 여호와께서 은혜와 영화를 주시며 정직하게 행하는 자에게 좋은 것을 아끼지 아니하실 것임이니이다 12 만군의 여호와여 주께 의지하는 자는 복이 있나이다

시편 84:1-12

기도가 영적 대로를 연다

영적 고향이 있는가

시편 84편은 시인의 깊은 내적 갈망이 느껴지는 시입니다. 1절에서 "만군의 여호와여 주의 장막이 어찌 그리 사랑스러운지요"라고 하더니 2절에선 "내 영혼이 여호와의 궁정을 사모하여 쇠약함이여"라며 더 절절해집니다.

'사랑한다'는 '좋아한다'와 다른 감정입니다. 사랑한다는 것은 완전히 몰입한 상태, 완전히 마음이 빼앗긴 상태를 의미합니다. 시인은 자신이 쇠약해질 만큼 여호와의 전을 사랑한다고 고백하고 있습니다. 그냥 목이 마른 것과 미칠 듯이 목이 타는 것은 다릅니다. 갈증이

심하면 영혼까지 흔들리게 됩니다.

"내 마음과 육체가 살아 계신 하나님께 부르짖나이다"라고 했는데 이 '부르짖다'도 '사랑한다'만큼이나 강력한 표현입니다. 우리는 아무 때나 부르짖지 않습니다. 깊은 탄식으로부터 나오는 부르짖음, 여호와의 성전에 온통 사로잡혀서 갈망하는 부르짖음을 말하고 있습니다.

하나님의 전에 대한 표현도 다양합니다. 주의 장막, 여호와의 궁정, 주의 제단, 주의 집, 주의 궁정, 하나님의 집, 시온, 하나님 앞…. 성전을 향한 시인의 절실한 마음이 이렇게 다양한 표현으로 드러나고 있습니다. 아마 시인이 자유롭게 드나들던 때를 그리워하는 것을 보면, 지금은 마음대로 성전을 드나들 수 있는 처지가 아닌가 봅니다.

이스라엘 백성에게 성전은 오늘날 우리가 드나드는 교회와 비교할 바가 못 됩니다. 그들에게 성전은 단순히 제사를 지내는 처소가 아니었습니다. 광야를 떠돌며 시작된 성막 시대부터 이방 나라를 떠돌던 디아스포라 시대까지 이스라엘 백성에게 성전은 하나님이 임재하시며 그들과 함께하시는 그들 신앙의 원천이었습니다. 성전이 곧 이스라엘의 정체성이었습니다.

지금도 유대인들은 회당을 중심으로 공동체를 이루며 살고 있습니다. 아무리 살기 좋은 곳이라도 회당이 없으면 집을 짓지 않습니다. 회당이 있는 곳에 살 집을 짓고 모이기를 힘씁니다. 그러니 성전은 더 말해 무엇 하겠습니까.

지금 시인은 그런 성전과 떨어져 지내고 있습니다. 갈망이라는 표현으로도 부족할 만큼 시인에게 성전은 너무나 간절한 대상입니다. 너무 간절해서 몸이 쇠약해질 정도입니다.

다윗이 하나님의 법궤가 다윗 성으로 돌아올 때 옷이 벗겨지도록 춤을 추었다고 성경은 전하고 있습니다. 다윗이 한 나라의 왕으로서 체면도 없이 왜 그렇게 춤을 추었을까요? 법궤는 하나님의 임재를 상징합니다. 법궤가 돌아옴은 하나님의 돌아오심입니다. 그러니 가슴속에서부터 끓어오르는 기쁨을 억누를 수가 없는 겁니다. 숨이 막힐 만큼 너무 좋아서 그것을 표현하지 않으면 죽을 것 같은 겁니다. 마치 하나님과 접촉함으로 인해 감전이 일어난 것처럼 주체할 수 없는 겁니다.

블레셋과의 전투에서 다윗이 골리앗 앞에 용감하게 나선 것만 보아도 다윗이 하나님을 얼마나 사랑하는 사람이었는지 알 수 있습니다. 다윗이 가슴속에 들끓는 격동을 참지 못하고 분연히 뛰쳐나가 골리앗 앞에 선 것은, 골리앗이 '살아 계신 하나님의 군대'를 모욕했기 때문입니다. 이스라엘 군대를 모욕하는 것은 하나님을 모욕하는 것으로 여겼기에 다윗은 견딜 수 없는 모멸감을 느꼈던 것입니다.

이렇듯 다윗은 의식적이고 제의적인 의식을 따라 하나님을 섬기는 사람이 아니었습니다. 다윗은 광야에서 양을 치던 목동 시절에도 하나님과 내밀한 교감을 가진 사람입니다. 그는 누구보다 하나님의 임재를 갈망했고, 누구보다 하나님께 민감하게 반응한 사람이었습니다.

시인의 심정이 지금 다윗과 같은 심정인 것입니다. 성전을 향한 사랑이, 다시 말해 하나님에 대한 사랑이 그토록 뜨겁다는 것입니다.

'사랑한다', '사모한다'는 것은 이전에 성전에서 경험한 하나님의 사랑과 은혜를 사랑한다는 말입니다. 그 사랑과 은혜를 알기에 쇠약해지도록 그립다는 말입니다.

하나님의 사랑과 은혜를 경험한 사람은 그것이 그립습니다. 신앙생활에서 영적인 추억이 많은 사람일수록 하나님을 깊이 갈망하게 됩니다. 마치 외국에 나간 사람들이 가족과 친구와 그들과 함께한 아름다운 추억이 많은 고향을 그리워하다가 향수병에 걸리는 것과 같습니다. 하지만 그런 경험이 없이 어제나 오늘이나 늘 똑같은 사람은 그리워할 게 없습니다. 하나님을 갈망하지 않습니다. 고향이 없는 사람이나 마찬가지입니다.

믿는 자에겐 그리워할 수 있는 영적 고향이 있어야 합니다.

하나님은 모든 사람의 마음에 하나님을 향한 갈망을 심어 놓으셨습니다. 하나님께 돌아와야 살 수 있도록 우리를 만드셨습니다. 각자 찾아 헤매는 것이 다른 것 같아도 사실은 모두 하나님을 찾고 있는 것입니다.

왠지 마음이 허전해서 여행을 다니고, 이 백화점 저 백화점 다니며 쇼핑을 하고, 맛집을 찾아다니지만 실상은 하나님을 찾는 것입니다. 사탄이 우리 마음을 속이고 눈을 속이는 바람에 자꾸 헛다리를 짚는 것일 뿐입니다.

우리는 어떤 것으로도 만족할 수 없습니다. 오직 하나님만이 참된 만족을 줍니다. 왠지 마음이 허전하고 자꾸 다른 데 정신이 팔린다면 하나님을 찾으십시오. 사탄의 속임수에 넘어가지 말고 마음이 가리키는 분을 향해 나아가십시오. 내 안에 갈망이 생겼다면 그것은 축복입니다. 바르게 반응하기만 하면 됩니다.

교회가 사랑스러운가

은혜를 유지하는 비결은 무엇일까요? 하나님을 갈망하는 마음을 잃어버리지 않는 것입니다. 하나님을 갈망하는 마음이 식으면 그때부터 곤두박질칠 일밖에 없습니다. 맨숭맨숭한 마음으로 교회를 드나들게 됩니다. 오늘 한국교회가 당면한 위기는 바로 여기서 비롯되었습니다. 하나님을 갈망하는 마음이 식었거나 아예 잃어버린 것입니다.

제 기억에 은혜가 충만했을 때는 교회에서 살고 싶었습니다. 은혜가 충만한 그리스도인들을 보면 틈만 나면 교회에 옵니다. 새벽에도 오고, 퇴근 후에도 오고, 무슨 일만 있으면 교회에 옵니다. 반면에 은혜가 고갈된 사람은 예배드리고 교회를 나서는 순간 교회를 잊어버립니다.

교회가 생각나야 합니다. 예배의 자리가 생각나야 합니다. 은혜의 자리가 자꾸 생각나야 합니다. 틈만 나면 교회에 오는 사람들의 얼굴은 생기가 있습니다. 해같이 밝고 빛이 납니다.

"만군의 여호와여 주의 장막이 어찌 그리 사랑스러운지요"(시 84:1).

'사랑스럽다'는 표현은 구약시대에는 어울리지 않는 표현입니다. 십자가의 복음을 경험한 신약시대 사람들의 입에서나 나올 법한 표현입니다. 십자가의 사랑도 알지 못하는 구약시대 사람들이 어찌 하나님께 이 같은 사랑 표현을 한단 말입니까? 복음을 경험한 우리조차 감히 접근하기 힘든 깊은 영적 세계를 경험했기에 가능한 마음입니다.

"주의 궁정에서의 한 날이 다른 곳에서의 천 날보다 나은즉 악인의 장막에 사는 것보다 내 하나님의 성전 문지기로 있는 것이 좋사오니"(시 84:10).

정말 멋진 표현입니다. 주의 집에서 하루를 사는 것이 다른 곳에서 천일을 사는 것보다 좋다고 합니다. 신앙의 비밀을 아는 자만이 이 같은 표현을 할 수 있습니다. 은혜를 아는 사람들은 영적 세계에서 누리는 기쁨이 무엇인지를 알기에 이 같은 표현을 할 수 있습니다.

휴가를 반납하고 선교지에 나가 땀을 흘리다 돌아오는 사람들의 얼굴을 보십시오. 햇볕에 그을렸을망정 얼굴은 기쁨으로 환하게 빛납니다. 남태평양의 럭셔리한 호텔에서 휴양을 하고 돌아온 사람들의 얼굴이 이보다 환하겠습니까? 예배 안에서, 은혜 안에서 경험하는 영적 세계에는 말로 설명할 수 없는 기쁨이 있습니다.

오래전, 수영로교회 부목사로 있을 때 철야기도회가 일으킨 부흥은 정말 대단했습니다. 그래서 저는 철야기도회 안에서 경험하는 은혜가 얼마나 놀랍고 기쁜 것인지 잘 압니다. 그런데 오늘날 한국교회에서 철야기도회가 사라지고 있습니다. 철야기도회의 은혜를 경험한 사람은 아무리 세상이 변했다 해도, 힘들다 해도 그 은혜의 시간을 포기하지 않습니다. 합리성을 잣대로 철야기도회 시간을 옮기거나 없애거나 하지만 그러면 죽는 것입니다. 포기해선 안 되는 것은 무슨 일이 있어도 포기하면 안 됩니다.

주일에 드리는 예배도 마찬가지입니다. 예배에 하나님의 기름 부으심이 임해야 합니다. 하나님의 기름 부으심이 있는 예배에는 회개가 있고 깨어짐이 있고 변화가 있습니다. 저는 시드니에서 목회하는 동안 그 같은 경험을 했습니다.

하나님은 예배를 통하여 일하십니다. 그러므로 하나님의 백성은 예배에 승부를 걸어야 합니다. 예배에 나온 회중이 예배가 시작도 되기 전에 하나님의 임재로 인해 충만한 은혜를 경험하는 그런 예배가 되어야 합니다. 우리 안에 갈망이 있으면 예배가 회복될 것입니다.

예배를 통해 치유와 회복의 역사가 일어나고 비전을 받고 에너지를 공급받아야 합니다. 예배가 회복되면 곤고한 삶의 자리도 회복됩니다. 예배가 회복되면 예배가 끝난 뒤에도 그 은혜에 사로잡혀서 자리에서 일어나지 못하게 됩니다. 시편 84편의 시인의 고백이 나의 고백이 되는 것입니다.

예배는 하나님의 백성이 받은 최고의 선물입니다. 하나님의 백성은 예배에 생명을 걸어야 합니다. 예배에 생명을 걸면 주님이 내 영혼을 책임져 주십니다.

우리가 예배의 회복을 위해 힘쓰면 사탄이 무차별 공격을 해댈 것입니다. 영적 전쟁이 일어나는 것입니다. 사탄은 어떡하든지 우리가 예배에 집중하지 못하도록 일을 꾸밀 것입니다. 아니 아예 예배에 참여하지 못하도록 방해할 것입니다. 사탄에 맞서 싸우려면 사탄의 공격이 있을 줄 알고 미리 기도로 무장해야 합니다. 그리고 어떡하든지 예배가 회복되도록 힘을 기울여야 합니다. 예배가 회복되면 이 세상 어떤 것과도 견줄 수 없는 평안과 기쁨과 만족을 얻게 될 것입니다.

눈물 골짜기를 지날 때 대로가 열린다

"주의 제단에서 참새도 제 집을 얻고 제비도 새끼 둘 보금자리를 얻었나이다"(시 84:3).

시인은 성전 모퉁이에 보금자리를 튼 제비와 참새가 차라리 나보다 낫다고 말합니다. 성전에서 사는 새들을 부러워하는 것입니다. 그래서 시인은 성전 가까이에 사는 사람만큼 행복한 사람이 없다고 말합니다.

"주의 집에 사는 자들은 복이 있나니"(시 84:4).

성전은 믿는 자들이 예배하기 위해 모이는 곳입니다. 하나님은 이렇게 공동체적인 예배를 드리는 곳에 임재하십니다. 함께 모여 기도하고, 찬양하고, 말씀을 듣는 그곳에 하나님이 임재하셔서 우리가 상상할 수도 없는 역사를 일으키십니다. 예배 가운데 하나님이 하시는 일은 정말 놀라운 것입니다. 각 사람의 형편을 아시는 하나님께서 각자에 맞게 역사하십니다. 각 사람 가운데 성령이 다양하게 역사하시어 하나님의 영광을 드러내십니다.

    "주께 힘을 얻고 그 마음에 시온의 대로가 있는 자는 복이 있
    나이다"(시 84:5).

시인은 시온의 대로가 있는 자가 복이 있다고 그를 부러워합니다. 시온의 대로는 무엇입니까? 하나님의 성전으로 나아가는 길입니다. 하나님을 만나러 가는 길이 열렸다는 것입니다. 모든 장애물을 뚫었다는 것입니다.

    "그들이 눈물 골짜기로 지나갈 때에 그곳에 많은 샘이 있을
    것이며 이른 비가 복을 채워 주나이다"(시 84:6).

시인은 지금 눈물 골짜기를 지나가는 모양입니다. 아주 어렵고 힘든 시간을 보내고 있는 것입니다. 그런데 이때가 하나님의 은혜가 흘러나오는 시간이라는 것입니다. 눈물 골짜기가 하나님의 은혜가 흘러나오는 원천이라는 겁니다.

영적으로 가장 뜨거웠던 때가 언제인지 생각해 보십시오. 아마도 눈물 골짜기를 지날 때일 것입니다. 다윗의 신앙이 뜨거웠던 때도 눈물 골짜기를 지날 때였습니다.

"나의 눈물을 주의 병에 담으소서"(시 56:8).

"내가 탄식함으로 피곤하여 밤마다 눈물로 내 침상을 띄우며
내 요를 적시나이다"(시 6:6).

눈물이 마르지 않은 그때 다윗은 하나님과 가장 밀착해서 살았습니다. 반면에 다윗의 인생에서 가장 위험한 때는 왕이 되어 가장 평화로운 나날을 보낼 때였습니다. 그때 다윗은 부하의 아내인 밧세바를 범함으로써 끔찍한 죄를 저질렀습니다.

한국교회가 가장 잘나가던 때가 언제인 줄 아십니까? 믿는 자들이 모이기만 하면 울던 바로 그때였습니다. 우리 선조들은 시대적으로나 개인적으로나 너무나 힘들고 어려워서 모이면 울며 기도했습니다. 눈물 골짜기를 지나던 그때가 한국교회의 전성기였던 것입니다.

한국교회의 상징처럼 된 통성기도는 사실 통곡기도였습니다. 바람 앞에 촛불처럼 흔들리는 민족의 애환과 아픔으로 인해 모이기만 하면 창자가 뒤틀리는 기도를 한 것입니다.

하지만 나라도, 교회도 번영을 누리게 되자 눈물이 사라졌고 그때부터 한국교회는 급격히 변질되기 시작했습니다.

그러므로 한국교회가 다시 살려면 길은 하나밖에 없습니다. 눈물이 회복되어야 합니다. 눈물이 터져야 합니다. 눈물이 터지면 내 마

음이 옥토가 되고, 순수해지고, 독기가 사라집니다. 눈물 흘리며 운다는 것은 나는 할 수 없다고 항복하는 것입니다. 하나님만이 하실 수 있다고 하나님께 내 생명을 거는 것입니다.

돌아보면 울 일이 참 많습니다. 사회를 봐도 그렇고, 시대 흐름을 봐도 그렇고, 한국교회를 봐도 울 일이 참 많습니다. 예레미야는 하나님의 마음으로 당대의 아픔을 끌어안고 울었습니다. 눈이 짓무를 만큼 눈에 눈물이 마르지 않았습니다. 그래서 우리는 그를 눈물의 선지자라고 부릅니다.

눈물이 말랐습니까? 배가 부르기 때문입니다. 너무 배가 불러서 이제는 우는 사람을 판단하는 사람도 있습니다. 예수님은 애통하는 자에게 복이 있다고 하셨습니다. 눈물이 말랐다면 영적으로 매우 심각한 상태임을 깨닫기 바랍니다.

눈물 골짜기를 지날 때 시온의 대로가 열립니다. 시온의 대로가 열린 사람은 예배의 자리에 앉아 있기만 해도 은혜의 골짜기로 금방 들어갑니다. 찬양 한 곡 불렀을 뿐인데도 곧바로 들어갑니다. 찬양을 해도, 기도를 해도, 말씀을 들어도 은혜의 골짜기로 들어갈 수 없다면 시온의 대로가 막혀 있는 것입니다.

시편 84편의 시인의 마음이 부럽지 않습니까? 성전에 임재한 하나님을 향한 그 애끓는 갈망이 부럽지 않습니까? 시인이야말로 세상이 부럽지 않은 하나님의 백성입니다. 세상 모든 것을 가진 자보다 더 행복한 사람입니다. 영적 갈급함이 있는 것이야말로 가장 큰 축복입니다. 이 갈급함을 구하십시오. 잃어버리지 않도록 기도하십시오.

예레미야처럼 시대를 위해, 나라를 위해, 교회를 위해 눈물 흘리는 사람이 되십시오. 눈에 눈물이 마르지 않는 것이 은혜입니다. 이것이 생명의 길이고 힘을 얻는 길입니다.

Part 4

기도의 권능
기도가 능력이다

¹ 다윗의 시대에 해를 거듭하여 삼 년 기근이 있으므로 다윗이 여호와 앞에 간구하매 여호와께서 이르시되 이는 사울과 피를 흘린 그의 집으로 말미암음이니 그가 기브온 사람을 죽였음이니라 하시니라 ² 기브온 사람은 이스라엘 족속이 아니요 그들은 아모리 사람 중에서 남은 자라 이스라엘 족속들이 전에 그들에게 맹세하였거늘 사울이 이스라엘과 유다 족속을 위하여 열심이 있으므로 그들을 죽이고자 하였더라 이에 왕이 기브온 사람을 불러 그들에게 물으니라 ³ 다윗이 그들에게 묻되 내가 너희를 위하여 어떻게 하랴 내가 어떻게 속죄하여야 너희가 여호와의 기업을 위하여 복을 빌겠느냐 하니 ⁴ 기브온 사람이 그에게 대답하되 사울과 그의 집과 우리 사이의 문제는 은금에 있지 아니하오며 이스라엘 가운데에서 사람을 죽이는 문제도 우리에게 있지 아니하니이다 하니라 왕이 이르되 너희가 말하는 대로 시행하리라 ⁵ 그들이 왕께 아뢰되 우리를 학살하였고 또 우리를 멸하여 이스라엘 영토 내에 머물지 못하게 하려고 모해한 사람의 ⁶ 자손 일곱 사람을 우리에게 내주소서 여호와께서 택하신 사울의 고을 기브아에서 우리가 그들을 여호와 앞에서 목 매어 달겠나이다 하니 왕이 이르되 내가 내주리라 하니라

사무엘하 21:1-6

기도가 답이 되게 하라

 많은 사람들이 어려움이 닥치면 '나로서는 어떻게 할 수 없다'면서 운명론에 빠져서 백기를 들고 맙니다. 절망과 좌절을 느끼며 무너져 버립니다. 그런데 문제는 어디에나 있습니다. 그리고 문제가 있는 곳에는 반드시 답도 있습니다. 다만 우리가 답을 모를 뿐입니다. 내 눈에 보이지 않는다고 해서 답이 없다고 생각해서는 안 됩니다.
 인생은 문제를 풀어 가는 여정입니다. 어려운 문제가 오면 힘들지만, 문제를 풀었을 때 문제 뒤에 숨겨진 축복을 누리는 기쁨은 그만큼 큽니다.

너무 늦기 전에

사무엘하 21장은 다윗의 통치 말년에 일어난 사건입니다.

"다윗의 시대에 해를 거듭하여 삼 년 기근이 있으므로"(삼하 21:1)

3년 동안 기근이 있었다면 그것은 거의 재앙이나 다름없습니다. 우리나라의 경우 여름 한철만 비가 안 와도 농작물이 타 들어가는데, 팔레스타인 지역에서 3년 동안이나 기근이 있었다면 땅이 완전히 황폐해져서 식물이든 동물이든 살아남지 못했을 것입니다. 먹을 것이 없으니 사람도 살아남기 힘든 형편입니다. 엘리야 시대에도 하늘 문이 닫혀서 3년 6개월 동안 비가 오지 않았습니다. 온 땅이 저주를 받아 신음하는 상황입니다. 미래가 보이지 않는 암담한 상황입니다.

문제가 꼬리에 꼬리를 물고 찾아온다면 우연으로 여기고 지나칠 일이 아닙니다. 그럴 만한 이유가 있다고 보아야 합니다. 어려움이 끝날 듯하면서 끝나지 않을 때가 있습니다. 이는 우연이 아닙니다. 거기에 숨겨진 비밀이 있습니다. 운명이나 팔자소관으로 치부해선 안 됩니다. 시간이 해결해 주겠지 하며 안일하게 넘어갈 일이 아닙니다.

3년 동안이나 기근이 있었다면 거기에는 그럴 만한 이유가 분명히 있습니다.

"다윗이 여호와 앞에 간구하매"(삼하 21:1).

기근이 3년이나 이어지자 다윗은 하나님을 찾았습니다. 다윗이 문제의 해답을 하나님에게서 찾으려고 했다는 것입니다. 인생에 문제가 생겼다면 답안을 갖고 있는 핵심 인물을 찾아가야 합니다. 이것이 중요합니다.

가나의 혼인집에 포도주가 떨어졌을 때 마리아는 예수님을 찾아갔습니다. 예수님이 문제의 답안을 갖고 있는 분이기 때문입니다.

문제가 생겼을 때 의논하러 갔더니 그 사람이 오히려 그 문제를 이용해 나를 더 곤란하게 만들 수 있습니다. 힘든 이야기를 털어놨더니 그가 소문을 내 더 곤란한 상황이 될 수 있습니다. 답안을 갖고 있는 핵심 인물을 찾지 않고 엉뚱한 사람을 찾아갔기 때문입니다. 그러므로 문제가 생겼을 때 관건은 누구를 찾느냐입니다.

사울은 블레셋과의 전투가 힘들어지자 하나님께 찾아갔습니다. 하지만 하나님이 응답해 주시지 않자 신접한 무당을 찾아갔습니다(삼상 27:6-7). 하나님의 응답이 없다면 기다려야 합니다. 하나님만이 답안을 가진 핵심 인물이라고 믿었다면 기다려야 합니다. 사울은 기다리지 못하고 무당을 찾아갔습니다.

하지만 다윗은 하나님을 찾았습니다. 사무엘하 22장 7절에서도 다윗은 "내가 환난 중에서 여호와께 아뢰며 나의 하나님께 아뢰었더니"라고 문제를 들고 하나님을 찾았습니다. 다윗은 기근과 환난이 하나님으로부터 온 것임을 알았기에 하나님을 찾았습니다.

그런데 다윗은 기근이 일어난 해에 바로 하나님을 찾지 않고 3년이 지난 뒤에야 찾았습니다.

문제가 생겼을 때 하나님을 찾는 것은 당연한 일입니다. 그런데 매우 당연한 이 일을 우리는 하지 않습니다. 다윗 역시 3년이 지나서야 하나님을 찾았습니다. 그 3년 동안 별의별 일이 다 일어났을 것입니다. 수많은 식물과 동물들이 죽고, 사람들 또한 죽어 나가는 끔찍한 나날이 흘러갔을 것입니다. 사람은 이렇게 미련합니다. 문제가 끝나지 않았을 때 빨리 깨달아야 하는데 자연현상이려니, 곧 끝나려니 하며 안일하게 대응합니다.

하나님은 어떤 사건을 통해서 우리에게 사인을 주십니다. 하지만 사람은 미련해서 이 사인을 알아듣지 못합니다.

도로에는 곳곳에 과속단속 카메라가 있습니다. 그리고 곳곳에 과속단속 카메라가 있다는 것을 알리는 표지판도 있습니다. 그럼에도 이 카메라에 찍히는 차량이 있습니다. 표지판을 보고도 유의하지 않고 무심코 지나치기 때문입니다.

언젠가 깨닫기는 하겠으나 너무 늦게 깨닫는 것이 문제입니다. 신앙생활에서 영적 감각이 무뎌지는 것은 매우 무서운 일입니다. 말씀을 듣고 예배를 드린다고 해서 깨어 있다고 할 수 없습니다. 3년 동안 기근이 있었으니 얼마나 많은 피해를 입었겠습니까? 너무 늦게 깨닫는 것이 문제입니다.

그래서 저는 청년들을 귀히 여깁니다. 그들이 깨닫는 것이 너무 늦어져서 세월을 버리지 않기를 바라서 그렇습니다. 젊은 날에 깨달으면 몇 십 년의 시간을 버는 것입니다.

하나님은 다윗이 기도하자 즉각적으로 대응하십니다. 기근이 바로 끝난 것입니다. 다윗은 문제가 종결된 뒤 '조금 일찍 깨달았더라면' 하고 후회했을 것입니다. 하지만 늦었어도 깨닫지 못한 것보다는 낫습니다.

매 순간 질문하라

> "다윗이 여호와 앞에 간구하매 여호와께서 이르시되 이는 사울과 피를 흘린 그의 집으로 말미암음이니 그가 기브온 사람을 죽였음이니라 하시니라"(삼하 21:1).

다윗이 하나님께 3년 동안 기근이 있은 이유를 여쭈었더니 하나님께서 즉시 대답해 주십니다. 사울과 피를 흘린 그의 집으로 말미암은 것이라며 특히 그가 기브온 사람을 죽였기 때문이라고 하십니다. 기근이 자연현상이 아니라 분명한 이유가 있는 재앙이었다는 것입니다.

다윗이 간구하니 하나님께서 금방 답을 주셨습니다. 오래 고민할 필요가 없는 질문이었던 것입니다. 하나님은 우리가 이유를 여쭈면 분명하게 답해 주십니다. 문제의 답안은 하나님이 갖고 계십니다. 인간은 질문을 가지고 있고, 하나님은 답을 가지고 계십니다. 인간은 끝없이 질문을 하고, 하나님은 끝없이 답해 주십니다. 이 사실을 분명히 알기 바랍니다.

인생을 살다 만나는 문제에는 원인이 있습니다. 그리고 그 문제를 해결할 답안은 하나님이 갖고 계십니다. 하나님에게는 흑암 속에 감추어져 있는 것이 없습니다. 하나님에게는 비밀이 없습니다. 모든 것이 완전히 드러나 있고, 만물이 하나님 앞에서 벌거벗은 것같이 드러나 있습니다. 하나님에게는 의문의 사건이 없습니다. 미제(謎題)가 없습니다. 하나님은 우리의 모든 문제에 대한 완벽한 해답을 가지고 계십니다.

그러므로 문제가 생겼을 때 하나님께 질문하십시오. 지혜로운 사람은 상황이 악화될 대로 악화돼서 하나님을 찾는 미련한 사람과 다릅니다. 그는 문제가 생겼을 때 하나님부터 찾아서 해답을 구합니다. 매 순간 모든 문제에 대해 하나님의 도우심을 구하는 사람이 지혜로운 사람입니다. 아무리 잘 안다고 생각하는 것이라도 하나님께 여쭈어야 합니다.

잠언에서 '미련한 사람'은 '하나님을 의지하지 않는 사람'입니다. 똑똑하고 명석한 자기 머리만 믿고 스스로 문제를 해결하려는 사람이 미련한 사람입니다.

세상 학문에선 전문가인데 인생의 문제는 쩔쩔매는 사람들이 있습니다. 너무 똑똑해서 자기 꾀에 넘어지는 사람들도 있습니다.

유대인들이 자녀교육에서 가장 중요하게 여기는 것이 질문입니다. 그들은 잘 묻는 것이 지혜로운 것이라고 생각합니다. 강의를 마친 뒤 "질문 있습니까?" 했을 때 질문하는 사람은 강의를 잘 들은 사람입니다. 질문하는 것이 중요합니다.

하나님의 말씀보다 지혜로운 것이 없습니다. 그래서 믿는 자들의 지혜는 세상이 따라오지 못합니다.

죄수의 신분으로 로마로 호송되던 바울의 얘기에 귀 기울이는 사람은 아무도 없었습니다. 그러나 그들이 타고 있던 배가 풍랑을 만나자 그때까지 무시하던 바울의 얘기에 모두 귀 기울였습니다. 위기가 닥치자 바울은 죄수가 아니라 리더로서 그들을 지도하기 시작했습니다. 이처럼 결정적인 순간에 하나님의 백성은 그 진가를 발휘합니다. 그들의 지혜로 공동체가 살아나는 역사가 일어납니다.

믿는 자는 직장에서 일할 때 자기 신분을 한낱 직원에 불과하다고 생각해선 안 됩니다. '언젠가 사장이 하나님으로 인해 내 덕을 볼 날이 있을 것이다'라며 하나님의 백성으로서 자기 신분을 분명히 해야 합니다. 회사가 어려움에 봉착했다면 '이것은 사장의 일이다'면서 손 놓고 있을 게 아니라 "하나님, 제게 답을 주옵소서" 하고 하나님의 지혜를 구해야 합니다. 믿는 자, 그 한 사람으로 인해 모두가 살아나는 역사를 구해야 합니다.

하나님보다 더 큰 지혜가 없습니다. 하나님께 여쭙고 또 여쭐 때 하나님의 지혜를 배울 수 있습니다. 문제가 생기면 혼자 끙끙대지 마십시오. 시간을 흘려 보내며 사태를 더 악화시키지 마십시오. 미련한 짓입니다. 어떤 일이든, 어느 순간이든 하나님께 질문하십시오. 모든 답안은 하나님 손에 있습니다. 하나님만이 답을 아십니다.

어떤 문제도 하나님께는 쉽다

여호수아 9장에는 이스라엘 백성이 가나안 정복 전쟁을 벌이고 있는 와중에 기브온 족속과 화친을 맺는 사건이 나옵니다. 다른 족속과 달리 그들은 이스라엘에 투항해서 화친을 맺고자 했습니다. 그들이 비록 속임수를 썼으나 여호수아는 그들을 보호해 주겠다고 맹세했고, 이후 그들은 이스라엘 백성들과 섞여 살면서 온갖 잡역을 감당했습니다.

이때 베냐민 지파는 기브온 족속의 생존에 대해 못마땅하게 생각했습니다. 그러다 베냐민 지파 출신의 사울이 이스라엘의 왕이 되자, 여호수아의 언약을 깨 버리고 기브온 족속들을 죽이고 학대하기 시작했습니다.

다윗 시대에 3년간이나 기근이 있었던 배경에는 이런 역사적 사건이 있었던 것입니다. 그러니까 기근의 원인은 베냐민 지파인 사울이 여호수아의 언약을 파기하고 기브온을 죽인 것이었습니다. 그러자 다윗은 즉시 기브온 사람들을 만나 그들에게 "내가 너희를 위하여 어떻게 하랴 내가 어떻게 속죄하여야 너희가 여호와의 기업을 위하여 복을 빌겠느냐"라고 묻습니다.

우리는 다윗이 하나님의 대답을 듣고 난 후 취한 행동에 주목할 필요가 있습니다. 다윗은 기근이 온 것이 기브온에 대한 이스라엘의 죄로 인한 것이라면 당연히 어떤 배상을 해야 한다고 생각했습니다.

그런데 여기서 문제가 생깁니다. 기브온 사람들이 베냐민 사람 일곱 명의 목을 요구한 것입니다. 그들은 사울의 고을 기브아에서 일곱 남자를 택하여 여호와 앞에서 목을 매달아 달라고 했습니다. 그러자 다윗은 그들의 청을 들어주었습니다.

다윗은 하나님께서 말씀하셔서 기근의 원인을 알았다면, 그 문제를 푸는 방법도 마땅히 하나님께 여쭈어야 했습니다. 그런데 다윗은 기근의 원인을 알고 난 후 바로 기브온 사람들을 만나 그들에게서 해답을 얻으려고 했습니다. 다윗은 성급했습니다.

문제의 원인도 하나님으로부터, 해결 방법도 하나님으로부터 오는 것입니다. 다윗은 기브온 사람들의 이야기를 듣고 그들이 원하는 대로 해주었습니다. 그런데 인간을 제물로 드리는 것이 과연 문제 해결이 될까요?

우리는 처음부터 끝까지 하나님께 여쭈어야 합니다. 하나님께 여쭈면 하나님이 해결 방법을 알려 주십니다.

다윗은 기브온의 요구대로 일곱 명의 남자를 처참하게 죽여 시체를 매달아 놓았습니다. 이중에는 리스바의 아들이 두 명 포함되었는데 리스바는 사울의 첩이었습니다. 이 여인이 아들들의 시체를 떠나지 않고 피 맺힌 통곡을 하자 온 나라에 이 사실이 알려졌습니다.

다윗은 흉흉해진 민심을 수습하기 위해 임시로 매장되어 있던 사울과 요나단의 뼈를 고향 열조의 묘실로 이장했습니다. 이를 계기로 그때까지 다윗 가와 사울 가의 얽히고설킨 악연의 사슬이 마침내 풀리게 되었습니다.

"사울과 그의 아들 요나단의 뼈와 함께 베냐민 땅 셀라에서 그의 아버지 기스의 묘에 장사하되 모두 왕의 명령을 따라 행하니라 그 후에야 하나님이 그 땅을 위한 기도를 들으시니라"(삼하 21:14).

다윗이 사울과 요나단의 유해를 거둬 안장한 후에야 비로소 하나님이 그 땅을 위한 기도에 응답하셨다고 합니다. 이로 인하여 기브온의 오래 묵은 원한도 일단락되고, 사울 왕가와 관련해 꼬여 있던 문제도 풀리자 마침내 기근이 끝났습니다.

이것이 우리에게 주는 교훈이 무엇입니까? 어려움이 끝나지 않는다면, 악순환이 계속되고 있다면 운명이라고 여기고 그저 세월을 보내면 안 됩니다. 시간이 약이 되지 않습니다. 왜 그런가를 하나님께 여쭈어야 합니다.

> "욥이 그의 친구들을 위하여 기도할 때 여호와께서 욥의 곤경을 돌이키시고"(욥 42:10).

끝나지 않던 욥의 고난이 어느 순간 해결되었습니다. 바로 욥이 자신의 친구들에게 용서를 베풀고, 그의 마음에 있던 원한을 제거하고 난 뒤였습니다. 그제야 하나님께서 그의 모든 곤경을 돌이키셨습니다.

살다 보면 도무지 끝나지 않을 것 같은 문제가 생기기도 합니다. 다윗은 기브온 사람들과 직접적으로 문제가 있었던 것은 아니었으나 문제를 해결하는 과정에서 사울 왕가와 꼬여 있던 악연의 사슬을 풀 수 있었습니다. 오랫동안 복잡하게 꼬인 문제라도 해결되려고 하면 아주 급박하고 신속하게 이뤄집니다. 아무리 복잡한 문제라도 해결은 아주 간단하게 이뤄집니다. 하나님께는 모든 문제가 너무나 쉽습니다. 하나님께 여쭙는 사람에게 하나님은 분명한 답을 주십니다.

하나님은 오랫동안 징계하기를 원하지 않으셨습니다. 하나님은 이스라엘 백성을 40년간 광야에서 헤매게 하고 싶지 않으셨습니다. 하나님은 우리가 쓸데없이 고생하지 않기를 원하십니다.

그러므로 삶의 자리에서 일어나는 모든 순간들을 통해 말씀하시는 하나님의 사인을 주목하십시오. 그리고 문제가 생겼다면 지체하지 말고 하나님께 여쭈십시오. 고통이 목까지 차오를 때에야 하나님을 찾는 미련한 자가 되지 말고 속히 찾아가 여쭈십시오. 내 힘으로, 내 능력으로 할 수 있다고 자만하지 말고 겸손하게 하나님께 머리를 조아리십시오. 가장 빠르고 정확한 답이 하나님께 있습니다.

하나님보다 더 큰 지혜가 없습니다.

하나님께 여쭙고 또 여쭐 때 하나님의 지혜를 배울 수 있습니다.

¹⁰ 나는 너를 애굽 땅에서 인도하여 낸 여호와 네 하나님이니 네 입을 크게 열라 내가 채우리라 하였으나 ¹¹ 내 백성이 내 소리를 듣지 아니하며 이스라엘이 나를 원하지 아니하였도다 ¹² 그러므로 내가 그의 마음을 완악한 대로 버려 두어 그의 임의대로 행하게 하였도다 ¹³ 내 백성아 내 말을 들으라 이스라엘아 내 도를 따르라

시편 81:10-13

입을 크게 열라

시편 81편의 기자는 애굽의 노예생활에서 건져 주신 구원의 하나님을 노래하고 있습니다. 하나님은 이스라엘 백성을 노예생활로부터 건져 주신 구원의 하나님입니다. 오늘을 사는 우리에게는 죄로부터 건져 주신 구원의 하나님입니다.

"나는 너를 애굽 땅에서 인도하여 낸 여호와 네 하나님이니
네 입을 크게 열라 내가 채우리라"(시 81:10).

하나님은 구원하는 것으로 그치지 않고 입을 크게 열면 채워 주

겠다고 하십니다. 애굽의 종살이에서 건져 주시는 것으로 그치지 않고 만족한 삶을 살도록 하시겠다는 것입니다.

> "또 내가 기름진 밀을 그들에게 먹이며 반석에서 나오는 꿀로 너를 만족하게 하리라 하셨도다"(시 81:16).

기름진 밀과 반석에서 나오는 꿀로 하나님의 백성을 만족시키겠다고 하십니다. 그런 하나님이 오늘 우리에게도 우리 죄를 용서함으로 구원하실 뿐 아니라 우리 삶을 풍성하게 하겠다고 하십니다. 우리의 필요를 채우고 만족하게 하겠다고 말씀하십니다.

"입을 크게 열라"

하나님은 "네 입을 크게 열라"고 하십니다. 단순히 '네 입을 열라'고 한 게 아니라 '크게 열라'고 하십니다. 그런데 이렇게 "네 입을 크게 열라"고 하시고 다른 말씀이 없었다면 실망스러웠을 텐데 여기에 약속을 덧붙이십니다. "내가 채우리라"(I will fill it).

'채우리라'는 하나님의 강력한 의지를 표현한 말입니다. 우리가 입을 크게 열면 만족스럽게 채워 주겠다는 약속의 말씀인 것입니다.

애굽에서 종살이하던 이스라엘 백성은 그때까지 불신앙적인 삶을 살고 있었습니다. 우상의 눈치를 보며 옹색하게 삶을 이어 오고 있었습니다. 그런 그들에게 하나님은 "나는 준비되었어. 그러니까 입을 크게 열어. 내가 채워 줄게"라고 하십니다. 매우 흥분되는 말씀입니다.

하나님은 이처럼 하나님의 의도를 조금도 숨기지 않고 매우 적극적으로 말씀하시고 약속하시고 그렇게 행하십니다. 이것은 한편으로 우리도 적극적인 자세를 가지라고 요구하는 것입니다.

"그는 시냇가에 심은 나무가 철을 따라 열매를 맺으며 그 잎사귀가 마르지 아니함 같으니 그가 하는 모든 일이 다 형통하리로다"(시 1:3).

"내게 구하라 내가 이방 나라를 네 유업으로 주리니 네 소유가 땅 끝까지 이르리로다"(시 2:8).

하나님이 채우시겠다는 것은 이처럼 놀라운 것입니다. 우리를 향한 하나님의 마음이 이와 같습니다.

예수님이 오병이어로 5천 명을 먹이시기 전에 배고픈 무리를 보고 제자들에게 "너희가 먹을 것을 주라"고 하셨습니다(마 14:16). 예수님은 아무 능력도 없는 제자들에게 왜 그런 요구를 하셨을까요? 예수님이 제자들의 형편을 몰라서 이런 요구를 하셨을까요? 아무것도 없는 광야에서 수천 명의 무리를 무슨 수로 먹일 수 있겠습니까?

예수님은 제자들이 주님을 주목하게 하기 위해 이 같은 요구를 하신 것입니다. 불가능한 상황을 가능하게 하는 분은 주님밖에 없음을 가르치기 위해서 하신 것입니다. 제자들의 입에서 "이 일은 주님밖에 하실 수 없습니다"라는 고백이 나오도록 하기 위해 이같이 하신 것입니다.

하지만 제자들은 예수님의 뜻을 알지 못했습니다. 그들은 불가능한 현실만 주목했습니다. 오병이어로 남자만 5천 명을 먹이고도 열두 바구니를 남게 하시는 주님을 주목하지 못했습니다.

"너희가 먹을 것을 주라"는 예수님의 말씀은 "너희가 나에게 구하면 내가 채워 줄게. 2만 명이든 5만 명이든 채워 줄게. 너희는 나를 찾고 나를 구해라"는 의미입니다. 시편 기자의 표현대로 말하면 "네 입을 크게 열라 내가 채우리라"는 뜻입니다.

누가 입을 크게 열 수 있습니까? 하나님이 채워 주실 것을 믿는 사람입니다. 입을 크게 열 수 있는 힘은 믿음입니다. 믿는 만큼 입을 크게 열 수 있습니다.

성경은 하나님이 우리가 생각하는 것보다 훨씬 더 크신 분임을 알려 줍니다. 시편에는 하나님이 크고 광대하신 분임을 노래하는 표현이 참 많습니다.

"여호와여 주께서 행하신 일이 어찌 그리 크신지요 주의 생각이 매우 깊으시니이다"(시 92:5).

"여호와는 크신 하나님이시요 모든 신들보다 크신 왕이시기 때문이로다"(시 95:3).

하나님은 위대한 분이십니다. 하나님은 온 우주에 충만하십니다. 그런데 우리는 하나님이 얼마나 크신 분인지 잘 모릅니다. 그래서 우리가 입을 크게 열면 하나님이 곤란해 하실 것이라고 생각합니다. 그러나 아무리 큰 기도를 해도 하나님은 우리의 기도보다 더 크신 분입니다. 우리가 아무리 큰 꿈을 꾼다 해도 하나님은 그 꿈보다 더 크십니다. 그러므로 우리의 기도 스케일이 커져야 합니다.

애굽의 바로를 무릎 꿇게 하시고, 홍해를 가르시고, 이스라엘 백성들을 출애굽시키시고, 광야에서 만나와 메추라기로 먹이시는 하나님을 우리가 어떻게 상상할 수 있겠습니까? 죽은 지 사흘 된 나사로가 무덤에서 나오는 걸 어떻게 짐작할 수 있겠습니까?

우리는 그랜드캐니언이나 나이아가라 폭포를 보고 그 경이로움에 놀라지만 하나님은 우주 만물을 창조하셨습니다. 우리가 습득한 지식이나 정보로는 이 우주의 신비조차 밝힐 수 없는데 어찌 그보다 크신 하나님을 알 수 있으며 짐작할 수 있겠습니까?

그런데 이 크고 놀라운 하나님을 오늘 우리도 경험할 수 있습니다. 하나님께서 우리 삶이 날로 확장되고 커지기를 바라시므로 오늘도 당신을 나타내시고 만나 주시기 때문입니다.

그러니 "나는 너를 애굽 땅에서 인도하여 낸 여호와 네 하나님이니 네 입을 크게 열라"는 내 경험과 지식으로 하나님을 가두지 말고 바라는 것이든 꿈이든 스케일을 크게 가지라는 의미입니다.

"내 백성이 내 소리를 듣지 아니하며 이스라엘이 나를 원하지 아니하였도다 그러므로 내가 그의 마음을 완악한 대로 버려 두어 그의 임의대로 행하게 하였도다"(시 81:11-12).

이스라엘 백성이 완악하여 하나님을 원하지 않고 하나님의 소리를 듣지 않았다고 합니다. 무슨 말입니까? 하나님이 "네 입을 크게 열라 내가 채우리라" 하셨는데 그 말씀을 믿지 않고 입을 열지 않았다는 뜻입니다.

우리도 입을 열려고 하지 않습니다. 하지만 날마다 크신 하나님을 대면(對面)하면 할수록 입을 다물지 못하게 됩니다. 경이로운 하나님을 경험하면 점점 더 입을 크게 벌리게 됩니다.

기도하지 않는 것은 불신앙입니다. 하나님께서 입을 크게 열라고 말씀하셔도 그 말씀을 듣지 않는 것이 불신앙입니다. 그것이 완악함입니다.

한편, 기도하고도 책망 받을 수 있습니다. 기도하기는 하나 적극적으로 구하지 않기 때문입니다. 이것 역시 불신앙입니다.

기도는 하나님께 하는 것입니다. 기도의 초점은 하나님입니다. 하나님을 나의 수준으로 끌어내리면 기도가 작아질 수밖에 없습니다. 하나님의 수준에 기도를 맞춰야 입을 크게 벌릴 수 있습니다.

"너는 내게 부르짖으라 내가 네게 응답하겠고 네가 알지 못하는 크고 은밀한 일을 네게 보이리라"(렘 33:3).

이전에 한 번도 경험하지 못한 크고 비밀한 것을 보이겠다고 하십니다. 그런데 중요한 것은 부르짖어야 한다는 것입니다. 적극적인 태도로 기도해야 크고 비밀한 것을 보이시겠다는 것입니다.

소극적인 기도, 작은 기도를 하면 해도 되고 안 해도 되는 기도를 하게 됩니다. 반드시 이루어질 줄 믿고 기도하지 않게 됩니다. 그러니 기도할 때 뜨겁지 않습니다. 반면에 적극적인 기도, 큰 기도를 하면 반드시 이루어질 줄 믿고 기도하게 되고 뜨겁게 기도하게 됩니다.

따라서 "네 입을 크게 열라"고 하신 말씀을 따르려면 기도하는 태도가 달라져야 합니다. 적극적이고 열정적이고 반드시 이뤄질 줄 믿는 믿음으로 기도해야 합니다.

기도함으로 변화되고 있는가?

"하나님, 저는 그런 것 필요 없습니다"라고 아주 건방지고 교만한 태도로 기도하는 사람도 있습니다. "하나님, 저는 그런 것은 구하지 않겠습니다. 저는 오직 하나님의 나라와 의만 구하겠습니다"라고 기도하는 사람도 있습니다. 먼저 하나님 나라와 의를 구하는 것은 좋으나 하나님은 우리가 그보다 먼저 가난한 마음을 갖기를 원하십니다.

마땅히 구할 것을 구하지 않는 것에 대해 하나님은 "이스라엘이 나를 원하지 아니하였도다"(시 81:11)라고 하셨습니다. 적극적으로 기도하지 않는 것에 대해 하나님은 우리가 당신을 원하지 않는 것으로 간주하시고 '완악하다'고 하셨습니다.

기도하면 무엇이 변화됩니까? 기도를 통해 크신 하나님을 만나면 믿음의 분량이 커질 수밖에 없고 생각이 커질 수밖에 없습니다. 그래서 키에르케고르(Kierkegaard)는 "기도는 하나님을 바꾸지 않는다. 기도하는 사람의 마음을 바꿀 뿐이다"고 했습니다. 하나님은 우리가 기도함으로써 변화되기를 바라십니다. 무엇보다 하나님을 향한 우리의 태도가 변화되기를 바라십니다.

기도는 믿음의 안경을 끼고 세상과 사물을 바라보게 합니다. 믿음의 안경을 끼면 하나님의 관점에서 세상을 보게 되고, 긍정적으로 생각하게 되고, 적극적으로 변하게 되고, 불가능이 아니라 가능을 먼저 보게 됩니다. 크신 하나님을 만나면 당연히 우리의 생각이 커집니다. 그래서 기도하면 가슴이 뜁니다. 흥분됩니다. 기대감이 생깁니다.

기도 횟수가 전보다 더 줄어들고 있다면, 기도하면서 기대감이 전보다 못하다면 지금 신앙생활을 잘하고 있지 않은 것입니다. 기도하는데 하나님의 위대하심을 드러내기보다 하나님을 초라하게 만든다면 그 기도는 불신앙적인 기도입니다.

바른 기도를 하려면 먼저 기도의 내용을 점검해 보아야 합니다. 부정적이고 불신앙적인 기도의 태도를 걸러 내고 소극적인 기도를 버려야 합니다. 기도하지 않아도 다를 바 없는 기도를 해서는 안 됩니다.

하나님은 크고 풍성하신 분이나 대책 없이 아무에게나 아무렇게나 부어 주시는 분이 아닙니다. 우리가 입을 크게 벌려 필요하다고 간구하면 한없이 부어 주시지만, 그렇지 않으면 풍성하게 예비된 것을 하나도 누리지 못할 수도 있습니다.

왜 입을 크게 열어야 하는가

하나님은 왜 우리에게 "네 입을 크게 열라"고 하셨을까요? 하나님의 의도를 아는 것이 중요합니다.

첫째, 크신 하나님을 드러내기 위해서입니다.

하나님은 우리를 통해 하나님의 위대하심을 드러내기 원하십니다. 하나님은 하나님의 하나님 되심을 세상에 드러내기 원하시고, 선포하기 원하십니다. 우리의 삶을 통해 하나님을 증명하고 증거하기 원하십니다.

우리가 입을 크게 열면 세상이 하나님이 크신 분임을 알게 됩니다. 하나님과 우상이 어떻게 다른가를 알게 됩니다. 우리를 통해 불신자들이 '과연 하나님이시로다'라고 알게 됩니다.

둘째, 다른 사람을 섬기게 하기 위해서입니다.

내 배만 채우기 위해 입을 크게 여는 것은 욕심일 뿐입니다. 나 혼자 잘 먹고 잘살기 위해서라면 기도할 필요가 없습니다. 그것은 내 힘으로도 이룰 수 있습니다.

요셉의 인생이 형통하게 된 이유는 요셉의 능력이 특별하거나 그만큼 노력해서가 아니라 하나님이 함께하셨기 때문입니다. 그리고 요셉이 누린 형통은 온 나라가 누린 형통이었고, 이스라엘 민족이 누린 형통이었습니다. 이를 계기로 이스라엘은 크게 번성하여 나중에 출애굽이라는 거대한 구속사를 쓰게 되었습니다.

이렇듯 우리가 입을 크게 벌리면 나 개인은 물론이고 나라와 민족이 형통을 누리게 됩니다. 입을 크게 벌리는 나 한 사람을 통해 하나님의 축복이 흘러 나가는 것입니다.

그러므로 나 개인의 욕심이 아니라 이웃과 사회를 위한 것이라면 마음껏 입을 벌려 구해도 됩니다. 하나님은 우리를 통해 이웃과 나라와 세계에 복 주고자 하십니다. 그런 점에서 세계를 품으려면 우리가 아무리 크게 입을 벌려도 부족합니다.

교회도 마찬가지입니다. 나라와 민족을 살리기 위해 입을 크게 벌려야 합니다. 세계정세는 긴박하게 흘러가고 있고 통일이 임박했습니다. 한국교회가 북한을 품지 않으면 통일 후에 어떤 갈등과 위기가 닥칠지 모릅니다. 우리가 입을 크게 벌려 구해야 합니다.

교회는 한국교회를 살리고 디아스포라 교회를 살리고 다음 세대를 살리고 약자와 소외된 이웃을 살리기 위해 지금보다 더 크게 입을 벌려야 합니다.

셋째, 사탄의 도구가 아닌 하나님의 일꾼으로 쓰시기 위해서입니다.

우리가 입을 크게 열고 기도하지 않으면 사탄이 우리를 장악해 버립니다. 돈이 악인의 손에 들어가면 악한 일에 사용됩니다. 악인은 돈 버는 데 있어서 얼마나 적극적인지 모릅니다. 우리가 크게 입을 열어 돈이 악인의 손에 들어가는 것을 막아야 합니다.

한 성도가 하나님이 주신 아이디어로 사업을 일구어 큰돈을 벌게 되자, 그 돈을 선교를 위해 사용하겠다고 했습니다. 그의 말을 듣고 제 가슴이 기대감으로 얼마나 설레던지요. 하나님은 하나님의 백성을 사용해 하나님의 일을 하기 원하십니다. 입을 크게 여는 자가 바로 하나님이 사용하시는 하나님의 백성입니다.

하나님이 우리의 곳간을 채우시는 이유가 있습니다. 이웃에게 흘려보내게 하기 위함입니다. 이웃으로 흘려보내지 않는 물질은 썩을 뿐 아니라 독버섯처럼 악을 퍼뜨리게 됩니다. 물질이 흘러가게 하기 위해 하나님은 하나님의 사람을 지금도 찾고 계십니다.

그런데 입을 얼마나 크게 열어야 할까요? 분명한 것은 하나님 편에서는 제한이 없다는 것입니다. 우리가 입을 아무리 크게 열어도 하나님은 곤란해 하시지 않습니다. 하나님께는 모든 것이 충분합니다. 하나님의 자원이 모자랄까 봐 걱정하지 않아도 됩니다.

"너희가 내 안에 거하고 내 말이 너희 안에 거하면 무엇이든지 원하는 대로 구하라 그리하면 이루리라"(요 15:7).

"우리 가운데서 역사하시는 능력대로 우리가 구하거나 생각하는 모든 것에 더 넘치도록 능히 하실 이에게"(엡 3:20).

다윗은 하나님이 한계가 없으신 분임을 경험하고 "내 잔이 넘치나이다"(시 23:5)라고 고백했습니다. 우리가 아무리 입을 크게 벌린들 하나님 입장에서는 크지 않습니다.

고작 불행을 면하게 해달라고 기도하십니까? 더 이상 아프지 않게 해달라고 기도하십니까? 그렇게 작게 기도하지 마십시오. 겨우 버티는 것이 목표가 되는 기도는 소극적인 기도입니다. 하나님께서는 사탄에게서 승리의 전리품을 빼앗아 하나님께 올려 드리는 것이 목표가 되는 적극적인 기도를 기뻐하십니다. 행복이 넘쳐흘러 주변까지 행복하게 하는 삶을 살게 해달라고 기도하십시오. 건강해서 맡기신 사명을 감당하게 해달라고 기도하십시오.

하나님은 입을 크게 여는 자들을 기뻐하십니다. 하나님은 그들을 사용하셔서 하나님의 영광을 드러내시고, 그들을 통해 주변 사람들까지 먹이기를 원하십니다.

염려에 막혀서 기도가 갈수록 쪼그라들고 있습니까? 심지어 기도하기를 포기해 버렸습니까?

불신앙적이고 완악하며 부정적인 태도를 깨뜨리십시오. 예수님을 믿고 좇는 자는 수세에 몰려 끌려 다니는 인생을 살지 않습니다. 하나님은 단지 이스라엘 백성을 애굽에서 건져 내신 것으로 구원 사역을 끝내지 않으셨습니다. 이스라엘 백성을 애굽에서 건져 내신 뒤 기름진 밀로 배를 채우시고 반석에서 난 꿀로 그들을 만족하게 하셨습니다. 그리고 그들을 통해 하나님이 하나님 되심을 드러내셨습니다.

"내가 그의 어깨에서 짐을 벗기고 그의 손에서 광주리를 놓게 하였도다"(시 81:6).

"내가 기름진 밀을 그들에게 먹이며 반석에서 나오는 꿀로
너를 만족하게 하리라 하셨도다"(시 81:16).

오늘 우리도 하나님을 드러내는 데까지 가야 합니다. 우리를 통해 우리 주변 사람들을 먹여 살려야 합니다. 책임지는 인생을 살아야 합니다. 입을 크게 열어 하나님의 위대하심과 크심을 찬양하십시오. 나를 통해 이웃이 살고 나라가 사는 하나님의 역사를 경험하십시오.

하나님이 우리의 곳간을 채우시는 이유는

이웃에게 흘려보내게 하기 위함입니다.

13 너희 중에 고난당하는 자가 있느냐 그는 기도할 것이요 즐거워하는 자가 있느냐 그는 찬송할지니라 **14** 너희 중에 병든 자가 있느냐 그는 교회의 장로들을 청할 것이요 그들은 주의 이름으로 기름을 바르며 그를 위하여 기도할지니라 **15** 믿음의 기도는 병든 자를 구원하리니 주께서 그를 일으키시리라 혹시 죄를 범하였을지라도 사하심을 받으리라 **16** 그러므로 너희 죄를 서로 고백하며 병이 낫기를 위하여 서로 기도하라 의인의 간구는 역사하는 힘이 큼이니라 **17** 엘리야는 우리와 성정이 같은 사람이로되 그가 비가 오지 않기를 간절히 기도한즉 삼 년 육 개월 동안 땅에 비가 오지 아니하고 **18** 다시 기도하니 하늘이 비를 주고 땅이 열매를 맺었느니라 **19** 내 형제들아 너희 중에 미혹되어 진리를 떠난 자를 누가 돌아서게 하면 **20** 너희가 알 것은 죄인을 미혹된 길에서 돌아서게 하는 자가 그의 영혼을 사망에서 구원할 것이며 허다한 죄를 덮을 것임이라

야고보서 5:13-20

위력 있는 기도의 한 사람이 돼라

야고보는 하늘에서 불이 임하게 하고 하늘을 닫고 열기도 한 엘리야를 두고 "우리와 성정이 같은 사람이로되"라고 말하고 있습니다. 야고보는 기도의 사람 엘리야를 왜 그렇게 표현했을까요? 그가 엘리야를 통해 무엇을 가르치고 싶었던 걸까요? 바로 한 사람의 위력입니다.

하나님께 사로잡힌 한 사람

엘리야는 바알과 아세라의 선지자 850명과 싸워 승리한 위대한 선지자입니다. 850명이라면 결코 적은 수가 아닙니다. 이단 신봉자들이 그렇듯이 이들 850명도 화려한 옷을 입고 요란한 뭔가를 주렁주렁 달고 깃발도 들고 도열해 있었을 것입니다. 그 위풍당당함으로 인해 웬만한 사람은 주눅이 들 수밖에 없습니다. 엘리야는 그들을 상대로 당당히 겨룬 것입니다.

그런데 막상 싸움이 시작되자 분위기는 완전히 역전됩니다. 이방 신을 섬기는 선지자들은 소리를 지르고 자기 몸을 치며 요란법석을 떨어도 아무런 성과도 내지 못했지만, 엘리야는 소리 한번 크게 지르지 않았어도 하늘에서 불이 임했습니다. 그러자 백성들이 이방 선지자들을 사로잡아 모두 죽였습니다. 엘리야의 압승인 것입니다.

우리는 이 사건을 통해 하나님의 역사는 한 사람으로도 충분하다는 것을 배우게 됩니다. 한 사람의 위력이 참으로 큽니다. 토인비는 이를 일컬어 '창조적 소수'라고 했습니다.

예수님도 이 소수의 위력을 잘 아셨습니다. 예수님은 인류 역사상 최고의 선생님이며 위대한 교사였습니다. 그런 능력을 가진 분이라면 가급적 많은 사람을 훈련시켜 인류 역사에 이바지하도록 만들고 싶을 것입니다. 하지만 예수님은 무리가 아니라 소수의 제자를 택하셔서 가르치고 훈련시키셨습니다. 숫자에 현혹당하지 않으신 것입니다. 군중은 수는 많을지 모르나 허수가 많은 법입니다.

"그 작은 자가 천 명을 이루겠고 그 약한 자가 강국을 이룰 것이라 때가 되면 나 여호와가 속히 이루리라"(사 60:22).

하나님께 사로잡힌 한 사람만 있으면 천만을 움직일 수 있습니다. 이것이 정확하게 현실화된 사건이 사도행전 2장에 나옵니다. 오순절 마가의 다락방에 120명이 모여 기도하자 불이 임했습니다.

예수님의 부활을 500명 정도가 목격했다고 합니다. 부활을 목격하였다면 대단한 증인이 되어야 할 것 같습니다. 하지만 아무 일도 일어나지 않고 모두 제 갈 길을 갔습니다. 그렇게 남겨진 사람이 120명입니다. 이들에게 불이 임하자 예루살렘을 흔들고 로마를 흔들고 세계를 흔들게 되었습니다. 하나님에게 사로잡힌 한 사람이면 충분합니다. 어두운 시대에 엘리야 한 사람이 깨어 불을 밝혔습니다.

사무엘이라는 한 사람이 하나님의 말씀이 희귀한 시대를 밝혔고, 모세 한 사람이 애굽의 종살이하던 이스라엘 백성을 이끌고 나왔습니다. "이 산지를 내게 주소서"라고 고백한 갈렙 같은 한 사람이 역사의 빛을 밝히는 것입니다.

1800년대의 D. L. 무디(Moody)는 시카고와 보스턴을 중심으로 미국을 흔들어 놓았습니다. 그는 공부도 제대로 하지 않았지만 미국에 부흥을 일으켰고 유럽을 흔들었습니다. 한 사람 루터로 인해 종교개혁이 일어났습니다. 이처럼 하나님 나라의 방식은 무리가 아니라 하나님에게 사로잡힌 '한 사람'을 사용합니다.

이스라엘은 전쟁을 할 때 절대 숫자로 밀어붙이지 않았습니다. 기드온이 미디안과 싸울 때 그랬습니다. 적의 수는 수십만인데 고작 300명으로 전쟁을 치렀습니다.

지난 역사를 돌아보면, 하나님께 사로잡힌 한 사람 외에 나머지는 구경꾼이 되었습니다. 단 한 사람만 생명을 걸고 나머지는 강 건너 불구경하는 구경꾼이었습니다. 하나님이 일하시는 곳에서 구경꾼으로 남지 않기 위해 기도하시기 바랍니다.

하나님은 한 사람을 통하여 당신의 역사를 이루고도 남습니다. 하나님께 사로잡힌 한 사람이 백 명, 천 명, 만 명의 사람들보다 낫습니다.

그런데 이 한 사람의 길은 쉽지 않습니다. 외롭고 고통스럽습니다. 각 처에서 시기하고 질투하는 무리가 공격합니다. 창조적 소수는 언제나 외롭습니다. 하나님께 인정받아 그에게 쓰임 받지만, 무리와 같은 길을 걷지 않기에 인간적으로 외로울 수밖에 없습니다.

얼마나 외로웠으면 엘리야 같은 선지자도 죽기를 간구했겠습니까. 그는 자기밖에 이 길을 걷지 않는다고 하나님께 불평했습니다. 이때 하나님은 직접 회복의 터치를 해주어 그를 다시 일으키시고 사명을 향해 달리게 하셨습니다.

하나님은 한 사람에게 관심이 많으십니다. 하나님께 붙들려 세상과 타협하지 않는 한 사람, 그 한 사람만 있으면 가족이 살아나고 사회가 살아나고 교회가 살아나고 세상이 살아납니다.

포기하지 않는 기도가 위력을 발휘한다

엘리야는 기도의 사람이었습니다. 엘리야의 기도는 그냥 기도가 아니라 위력적인 기도였습니다. 죽은 과부의 아들을 살려 내고, 갈멜산 정상에 불이 임하게 하고, 마른하늘에서 비를 내리게 하는, 하늘 문이 열리는 기도였습니다.

하늘 문을 여는 위력적인 기도는 작은 믿음에서 출발합니다. 처음부터 하늘 문을 여는 기도를 할 수 있는 게 아닙니다. 일상에서 아주 사소한 것에서부터 하나님의 응답을 경험할 때 그것이 쌓여 위력적인 기도로 나아가게 됩니다. 이것이 기도 훈련입니다.

엘리야도 작은 기도의 응답부터 경험했습니다. 그릿 시냇가에서 까마귀가 매일 먹을 것을 가져다주는 경험을 한 것입니다. 처음부터 너무 거창한 기도를 하지 마십시오. 실망하여 시험에 들 수 있습니다. 조지 뮐러는 창고에서 열쇠를 잃어버리고도 하나님께 기도했습니다. 그가 오만 번 기도 응답을 받았다는 것은, 이처럼 일상의 사소한 것에서부터 하나님의 간섭하심을 경험했다는 뜻입니다.

야고보는 엘리야도 '우리와 성정이 같은 사람'이라고 말합니다. 이는 그도 처음 기도할 때 그 내용이 유치했고, 응답이 안 되면 낙심하기도 하고, 주저앉기도 했다는 뜻입니다. 그래도 포기하지 않고 기도해서 결국 하늘 문을 여는 기도를, 불이 임하는 기도를 하게 된 것입니다.

"이와 같이 성령도 우리 연약함을 도우시나니"(롬 8:26).

여기서 '연약함'이란 기도의 자리에서 연약한 우리의 모습을 말합니다. 기도의 능력은 기도의 좌절을 수없이 맛본 후에 얻게 됩니다. 엘리야가 하나님의 부재를 얼마나 많이 느꼈을까요? 포기하고 싶은 날도 많았을 것입니다. 우리는 아브라함이 하나님의 음성을 듣고 인도함을 받았다니까 늘 그런 것으로 생각하지만, 아브라함도 늘 그랬던 건 아닙니다. 엘리야도 누구보다 기적을 많이 체험했지만, 그렇지 못한 일도 많았을 것입니다. 하나님이 안 계신 것 같아 포기하고 싶은 날도 많았을 것입니다. 아마 엘리야의 기도 수첩이 있다면, '오늘도 응답이 없음', '무응답', '여전히 기다리기', '아직 아님', '오늘도 실망'이라고 씌어 있지 않을까요? 그는 이처럼 수없는 실패를 거듭하면서 기도의 능력을 갖게 되었을 것입니다.

성경이 이 사실에서 가르치고 싶은 것은 엘리야는 성정을 극복했다는 것입니다. 인간적 약점을 뛰어넘었다는 것입니다. 그가 특별한 사람이 아님에도 불구하고 특별한 삶을 살 수 있었던 것은 그가 수없는 기도의 실패에도 불구하고 하나님 앞에 포기하지 않고 나아갔다는 것입니다.

기도의 첫 자리는 작은 것, 작은 믿음, 연약한 믿음에서 시작됩니다. 처음부터 불이 임하지 않습니다. 처음부터 기적이 일어나지 않습니다. 그럼에도 불구하고 포기하지 않고 하나님 앞에 나아갔습니다. 이것이 바로 믿음의 기도입니다. 믿음의 기도는 현실적으로 나타나지 않아도 지속적으로 기도하는 것입니다.

위기가 기적을 만든다
야고보가 엘리야를 통해 가르치고자 한 것은 결국 위기를 돌파하는 위력입니다.

엘리야는 위기의 시대를 살았던 사람입니다. 아합 왕의 폭정 아래 백성이 도탄에 빠지고 영적으로 정치적으로 사회적으로 굉장히 혼란한 시대였습니다.

난세가 인물을 만든다는 말이 있듯이, 위기의 시대가 기적의 시대를 만들 수 있습니다. 편안한 시대에 오히려 타락한 인간이 많이 나옵니다. 위기의 시대에 깊어지고 강해질 수 있습니다.

위기의 시대에 요구되는 것이 바로 믿음입니다. 위기의 시대에는 모든 것이 불투명해서 선택하고 결정하는 것이 막연하기만 합니다. 이런 때 믿음이 필요합니다. 돈이 많든 적든, 권력을 가졌든 못 가졌든 위기가 닥칠 때 반응하는 것을 보면 그가 믿는 자인가 아닌가가 판가름 납니다. 위기의 순간에 믿는 자의 위력이 나타납니다. 엘리야가 그런 사람이었습니다.

어떤 사람은 믿음만 있으면 어떤 문제도 없다, 염려할 것 없다고 말하지만 그렇지 않습니다. 믿는 자도 염려가 있고 좌절이 있고 흔들립니다. 그러나 믿는 자는 결정적인 순간에 하나님을 붙들어 위기를 돌파합니다.

믿음은 위기를 통해서 단련됩니다. 바꾸어 말하면 위기가 아니면 믿음이 자라지 않습니다. 믿음은 시련을 통과하면서 빛이 납니다. 위기의 순간에 죽으면 죽으리라는 각오로 하나님을 선택할 때 인생의 대단원이 시작됩니다.

그런데 문제를 만나면 사람들은 대체로 세 가지 반응을 합니다.

첫째, 원망과 불평을 합니다.

둘째, 무조건 도망갑니다.

셋째, 정면으로 승부를 합니다.

믿음의 사람은 이 세 번째 유형의 사람입니다. 위기를 맞아 정면 돌파하는 방법은 기도밖에 없습니다.

세상 사람들이 말하기를, 예수쟁이들이 말만 번드르르하다고 합니다. 말만 하지 말고 실력을 보여 달라는 요구나 다름없습니다. 믿는 자들은 삶을 통해 누구도 부인할 수 없는 하나님의 능력이 드러나야 합니다.

엘리야도 우리와 같은 성정을 가진 사람이었습니다. 기도의 사람은 특별한 사람이 아니라 바로 하나님을 믿는 우리입니다. 그러니 우리도 끈질기게 기도하면 됩니다. 그러면 세상이 요구하는 실력을 보여 줄 수 있습니다.

    엘리야가 위풍도 당당하게 도열한 850명의 이방 선지자들과 전혀 두려움 없이 대결한 것은 숱한 세월을 보낸 기도의 골방이 있었기에 가능했습니다. 엘리야가 보여 준 믿음과 확신과 담대함은 하루아침에 생긴 것이 아닙니다. 영적으로 캄캄한 시대에 홀로 깨어 기도하려면 외로움의 고통과 싸워야 합니다. 사람들의 조롱과 야유를 견뎌야 합니다. 그런 세월을 통과했기에 엘리야는 하늘 문을 여는 위력의 기도를 할 수 있었습니다.

    흔히 위기는 기회라고 말합니다. 그런데 위기는 기도의 골방에 있는 사람에게만 기회이며 축복입니다. 무릎 사이에 얼굴을 박은 채 내밀하고 외로운 기도의 싸움을 치러 낸 사람에게 주어지는 축복입니다. 하나님은 이 한 사람으로 인해 하늘 문을 여시고 시대의 어둠을 몰아낼 것입니다. 하늘 문을 여는 기도의 위력을 경험하시기 바랍니다. 하늘의 능력을 입는 기도의 한 사람으로 점프하시기 바랍니다.

12 여호와께서 아모리 사람을 이스라엘 자손에게 넘겨 주시던 날에 여호수아가 여호와께 아뢰어 이스라엘의 목전에서 이르되 태양아 너는 기브온 위에 머무르라 달아 너도 아얄론 골짜기에서 그리할지어다 하매 **13** 태양이 머물고 달이 멈추기를 백성이 그 대적에게 원수를 갚기까지 하였느니라 야살의 책에 태양이 중천에 머물러서 거의 종일토록 속히 내려가지 아니하였다고 기록되지 아니하였느냐 **14** 여호와께서 사람의 목소리를 들으신 이 같은 날은 전에도 없었고 후에도 없었나니 이는 여호와께서 이스라엘을 위하여 싸우셨음이니라

여호수아 10:12-14

태양도 멈추는 기도자가 돼라

구원은 하나님의 일방적 은혜로 주어졌지만, 그 구원의 삶을 누리려면 그에 합당한 지경을 넓히기 위한 전쟁이 있어야 합니다. 전쟁에는 싸워야 할 적이 있습니다. 그렇다면 우리가 싸워야 할 적은 누구입니까?

첫째, 육신의 정욕입니다. 가장 무서운 적입니다.

둘째, 사탄이 통치하는 세상입니다.

셋째, 마귀입니다. 마귀는 우리가 구원의 삶을 누리지 못하도록 끈질기게 방해하는 세력입니다.

지금도 육신의 정욕과 세상과 마귀와 싸우는 전쟁이 우리 안에서 날마다 벌어지고 있습니다. 은혜의 자리에 나오는데도 전쟁이 벌어지고, 작은 헌신을 위해서도 훼방하는 세력과 싸워야 합니다. 신앙생활은 이렇듯 전쟁을 치르는 것입니다. 그런 점에서 교회는 군함이나 전함이어야 합니다. 유람선이 되어선 안 됩니다.

전쟁은 게임이 아닙니다. 게임은 져도 상관없지만 전쟁은 반드시 이겨야 합니다. 지면 거기에 따르는 엄청난 대가를 지불해야 하기 때문입니다. 자유를 빼앗긴 채 속박된 삶을 살아야 하고, 고통스럽고 비참한 세월을 보내야 합니다. 그러므로 적을 이기지 않고는 평화를 누릴 수 없고, 승리하지 않고는 안식을 맛볼 수 없습니다. 구원은 받았으되 이루어 가야 할 구원이 있습니다.

기도하는 사람은 늘 기적과 근접해 있다

여호수아 10장은 기브온이라는 곳에서의 전쟁 이야기입니다. 전쟁을 하려면 싸우는 대상이 분명해야 합니다. 그렇지 않으면 적이 아니라 아군과 싸우게 되고 제대로 싸우지도 못하고 전쟁에서 지고 맙니다.

기브온은 가나안 남부의 가장 거대한 성 중 하나였습니다. 해발 1800미터의 험한 산지라 접근 자체가 어려운 요새입니다. 이스라엘과 화친했던 기브온이 전략적 요충지였던지, 가나안의 다섯 왕이 연합군을 형성하여 기브온을 공격하였고, 이에 대항하여 이스라엘이 기브온을 도와 맞서고 있습니다.

마침내 여호수아가 출전 명령을 내리면서 전쟁이 본격화됩니다. 이때 그 유명한 태양이 멈추는 사건이 일어납니다.

"여호와께서 아모리 사람을 이스라엘 자손에게 넘겨 주시던 날에 여호수아가 여호와께 아뢰어 이스라엘의 목전에서 이르되 태양아 너는 기브온 위에 머무르라 달아 너도 아얄론 골짜기에서 그리할지어다 하매"(수 10:12).

도망가는 연합군을 추적하던 여호수아가 "태양아 너는 기브온 위에 머무르라"는 실로 엄청난 선포를 합니다.

그런데 과연 이것이 가능한 일인가요? 당시에는 태양이 지구를 돈다고 생각해서 이렇게 표현한 것 같은데, 실제로는 지구의 자전 속도가 느려진 게 아닌가 합니다. 도무지 믿기 힘든 이런 현상을 무신론자들은 성경을 공격하는 재료로 삼습니다. 그러나 미항공우주국에서 일하는 과학자 해럴드 힐은 자신이 하나님을 믿게 된 배경으로 이 사건을 언급했습니다. 나사의 슈퍼컴퓨터가 우주 전체의 시간으로 지구 역사를 추적했는데 희한하게도 사라져 버린 시간이 두 번 있었다는 것입니다. 이것을 추적해 본 결과, 시간이 사라진 현상은 지구의 자전 속도가 감속되었을 때 일어난 일이었음을 밝혀냈습니다.

해럴드 힐은 이후 지구의 자전 속도가 감속되는 사건이 왜 일어났는지를 가지고 오랫동안 씨름하다가 성경에서 이 사건을 발견하고 슈퍼컴퓨터가 찾아낸 사라진 시간이 바로 이때임을 밝혀냈습니다. 그리고 그는 이후 무신론자에서 크리스천으로 전향하게 되었습니다.

태양이 멈추는 사건은 초자연적인 사건입니다. 이를 가리켜 '비상적 개입'이라고 말합니다. 비상적인, 초월적인 사건이 일어난 것입니다.

우리는 여호수아의 기도에서 몇 가지 교훈을 배우게 됩니다.

"태양아 멈추어라, 태양아 머물러라"라고 누가 감히 기도할 수 있을까요? 여호수아의 기도 스케일이 남다르는 것을 알 수 있습니다. 빚에 쫓기는 사람이 빨리 빚을 갚게 해 달라고 기도하는 대신 빚을 진 저 사람의 기업을 인수하게 해달라고 기도하는 격입니다.

여호수아는 해가 지기 전에 전쟁을 마무리해야 한다는 걸 알고 있었습니다. 해가 지면 연합군이 진영을 가다듬고 불시에 이스라엘을 역습할지도 모릅니다. 그러면 전쟁은 또 어떻게 전개될지 몰랐습니다. 연합군이 수세에 몰렸을 때 전쟁을 마무리해야 승리할 수 있었습니다. 마음이 급한 여호수아는 담대하게 "태양아 머물라"라고 기도했습니다.

우리는 여호수아에게서 기도는 인간의 한계로부터 출발하지만 동시에 하나님의 전능하심에 기초한다는 것을 배우게 됩니다.

최첨단 시대를 살고 있다지만, 전 세계적으로 일어나는 대지진과 후쿠시마의 원전 사고 등을 접하면서 현대인은 과학의 한계를 분명히 느끼고 있습니다. 인류 문명에 크게 이바지했다고 여기던 원전이 사고가 나자 속수무책으로 당했습니다. 아니, 그것은 순식간에 재앙으로 돌변했습니다. 사람은 한계에 부딪히면 당황하면서 절망하게 됩니다.

여호수아가 느낀 한계도 그런 것이었습니다. 날이 어두워지는 자연의 섭리 앞에선 어쩔 도리가 없는 것입니다. 이때 여호수아는 하나님의 전능하심을 붙잡았습니다. 절망하지 않고 초월적 존재인 하나님을 붙잡았습니다.

왜 기도합니까? 나와 같은 능력을 가진 하나님이라면 기도할 이유가 없습니다. 초월적인 하나님께 기도한다는 것은 기적과 근접해 있는 것입니다. 인간의 한계를 인정하지 않는 사람은 기도하지 않습니다. 기도하는 사람은 자신의 한계를 인정하고 그 한계를 넘어서는 역사를 기대합니다. 그렇기에 그는 기적을 체험하게 됩니다. 그러므로 기도한다면 여호수아처럼 담대하게 하십시오. 스케일이 큰 기도를 하십시오.

> "여호와께서 사람의 목소리를 들으신 이 같은 날은 전에도 없었고 후에도 없었나니 이는 여호와께서 이스라엘을 위하

여 싸우셨음이니라"(수 10:14).

여호수아의 기도는 기상천외한 기도였습니다. 하지만 하나님은 이 같은 기도를 기뻐하셨습니다. 신약에도 여호수아와 같은 사람이 있습니다. 바로 베드로입니다. 풍랑이 이는 바다 위를 걸으시는 주님을 따라 베드로는 물 위로 과감하게 발을 내디뎠습니다. 베드로는 갈릴리 바다에서 어부로 살던 사람입니다. 물의 생리를 누구보다 잘 아는 사람입니다. 그럼에도 자신의 상식을 넘어서는 기도를 합니다.

"나를 명하사 물 위로 오라 하소서"(마 14:28).

하나님은 우주에 충만하신 만유의 주재가 되십니다. 하나님은 태양을 만드신 분입니다. 온 우주가 하나님의 손안에 있습니다. 시편의 저자들은 누구든지 하나님의 전능하심을 노래합니다. 여호수아와 베드로같이 기도하는 사람은 하나님의 특별하심을 체험하기 때문에 그렇게 노래할 수밖에 없습니다. 하나님의 전능하심을 신뢰할 때 오늘 하나님의 비상적 개입을 체험하게 됩니다.

제가 호주에서 살 때 어떤 분이 불법체류자의 신분을 벗어나려고 갖은 애를 써도 도무지 길이 열리지 않았습니다. 모두 불가능한 일이라고 체념하고 있을 때 하나님이 기가 막힌 방법으로 길을 여셨습니다. 이민법이 바뀌는 등 도무지 상상할 수도 없던 방법으로 길이 열렸습니다. 믿는 우리는 하나님의 전능하심을 전적으로 믿어야 합니다. 그것이 하나님을 아는 것입니다. 여호수아처럼 우주적인 기도, 통치적인 기도를 하십시오. 태양이 머무는 상식 밖의 일이 일어납니다.

기도하는 사람은 길이 없다면 만든다

여호수아의 기도는 스케일도 컸지만 매우 적극적인 기도였습니다. 그의 기도는 태도가 중요하다는 것을 우리에게 교훈합니다.

신앙생활을 하다 보면 소극적인 사람이 적극적으로 변하는 경우를 종종 봅니다. 이것은 신앙생활을 제대로 하는 사람의 특징입니다. 기질은 좀처럼 바뀌지 않지만 하나님 안에 들어오면 성령님이 그 기질조차 만져 주십니다.

사람들은 날이 어두워졌으니 이제 전쟁은 끝났다고 생각했습니다. 그런데 여호수아는 태양이 멈추기만 한다면 전쟁은 아직 끝난 것이 아니라고 생각했습니다. 발상의 전환이 기상천외합니다. 그런 길은 아무나 찾을 수 없습니다. 믿음의 사람만 찾을 수 있습니다.

문제가 있는 곳에는 반드시 해답이 있다는 태도, 이것이 적극적인 태도입니다. 길이 없다면 만들면 됩니다.

기도하는 사람들은 도무지 답이 보이지 않더라도 하나님이 길을 내신다는 걸 알기에 해답을 찾아냅니다. 그래서 그들은 지혜롭다는 말을 듣습니다. 바둑의 고수는 다 죽어 가는 바둑을 한 수 놓는 것으로 기적적으로 살려 냅니다. 고수의 눈에는 살 길이 보이는 것입니다. 하나님의 눈을 가지면 곧 죽을 것 같지만 살 길이 보입니다. 그리고 하나님의 눈은 기도하는 사람이 갖게 됩니다. 그래서 하나님은 기도하는 사람과 동역하기를 원하십니다.

"태양아 머무르라"는 것은 정면으로 승부하는 모습입니다. 타협하거나 계산하지 않고, 내 생각이나 경험, 상식을 버리고, 오직 하나님의 생각에 주파수를 맞추는 사람은 문제가 생겼을 때 정면으로 승부해서 돌파합니다.

문제가 생겼다면 "한 수만 가르쳐 주세요. 정면으로 승부해서 돌파하겠습니다" 하고 기도하십시오. 확신의 불구덩이로 몸을 던지십시오. 하나님이 책임져 주십니다. 기도하면 하나님이 일하십니다. 기도하지 않으면 나 혼자 일하게 됩니다. 내가 일하는 것과 하나님이 일하시는 것은 하늘과 땅 차이입니다.

기도하다 보면 가슴에 불이 붙습니다. 포기하고 싶은 차가운 가슴에 불이 붙어서 다시 도전하게 됩니다. 심장이 뛰고 가슴에 열망이 불붙으니 에너지가 솟아납니다.

세상을 살다 보면 심장이 자꾸 쪼그라듭니다. 실패의 경험이 쌓이면서 의기소침해져서 사자의 심장이었던 시절이 언제였나 싶을 만큼 모기의 심장이 되어 버립니다. 눈은 겁에 질린 토끼눈이 됩니다.

그러나 기도하는 사람은 사자의 심장을 유지합니다. 매의 눈으로 사물을 통찰합니다. 여호수아가 그처럼 담대한 기도를 할 수 있었던 것은 하나님이 '함께하신다'는 약속을 수없이 들었기 때문입니다. "내가 너와 함께하겠다", "두려워하지 말라", "담대하라", "네 길을 평탄하게 하겠다", "네 평생에 너를 당할 자가 없을 것이다"…. 하나님이 이렇게 날마다 약속하시니 담대하지 않을 수 없는 것입니다. 그래서 기도하는 사람은 햄릿이 아니라 돈키호테와 같습니다. 뚱딴지같이 "태양아 머무르라"고 외칠 수 있습니다.

하나님은 이런 사람들과 일하고 싶어 하십니다.

기도하는 사람은 타이밍에 강하다

여호수아의 기도는 타이밍의 기도입니다. 전쟁에서 타이밍은 생명과 같습니다. 여호수아는 승세를 몰아 전쟁을 끝내야 한다고 생각했습니다. 그래서 태양을 멈추는 기도를 한 것입니다.

타이밍을 놓치면 낭패를 봅니다. 전쟁에서 패할 수 있습니다. 인생도 마찬가지입니다. 기회가 왔을 때 잡아야 합니다. 기회를 놓치면 다시 잡기가 어렵습니다. 기도해야 할 때 기도해야 합니다. 은혜 받아야 할 때 은혜 받아야 합니다.

실패하는 사람들의 특징은 때를 잘 분간하지 못합니다. 지금이 어떤 때인지 분별하지 못해 실패를 반복합니다.

때가 있습니다. 때는 언제까지나 머물러 있지 않습니다. 곧 지나갑니다. 붙잡지 않으면 놓치고 맙니다. 하나님은 오늘 우리에게 기회를 주십니다. 모든 사람에게 두 팔 벌려 한번 해 보라고 하십니다. 너희 때가 왔다고 말씀하십니다.

"여호와께서 아모리 사람을 이스라엘 자손에게 넘겨주시던 날에"(수 10:12).

하나님께서 이날에 아모리 백성을 이스라엘에게 넘겨주겠다고 약속하셨습니다. 하나님의 결재가 났다면 상황과 상관없이 이뤄집니다. 여호수아는 하나님의 약속을 확신했습니다. 그래서 때가 왔을 때 담대하게 기도하고 집중력을 발휘해 도망가는 연합군을 쫓아가 진멸했습니다. 때를 확인했으면 집중력을 발휘해야 합니다.

하나님이 붙여 주겠다 약속하셨으면 이미 끝난 것입니다. 직장도 사업도 마찬가지입니다. 하나님의 부르심을 들었으면 정면으로 승부해야 합니다. 그때까지 계속 하느냐 마느냐로 고민하고 있으면 기회는 사라지고 맙니다. 때가 왔을 때 무조건 붙잡고 집중력을 발휘해야 합니다.

그런데 여기서 한 가지 짚고 넘어가야 할 것은 태양을 움직이는 기도는 개인의 목적을 달성하기 위해 해서는 안 된다는 것입니다. 자기 탐욕을 채우기 위해 하나님의 비상적 개입을 구해선 안 됩니다. 여호수아는 지금 자기의 뜻이 아니라 하나님의 뜻을 이루기 위해 거룩한 전쟁을 하고 있습니다. 그래서 태양을 움직이는 기도를 담대하게 할 수 있었던 것입니다.

베드로가 물 위를 걸었다고 하나님을 시험해 보려는 의도로 함부로 물 위를 걸어선 안 됩니다. 그러다 죽습니다. 비상적 개입을 구하는 기도는 하나님의 뜻을 이루는 거룩한 목적으로만 해야 합니다.

태양을 움직이는 기도는 하루아침에 나오는 기도가 아닙니다. 여호수아는 이스라엘 백성을 이끌고 매 순간 한계 상황에 부딪치는 전쟁을 치렀습니다. 하나님 외에는 다른 답이 없는 상황에서는 무릎을 꿇을 수밖에 없습니다. 여호수아는 가나안 땅에 들어선 이후 언제나 기도의 위력에 의지했고 기도의 능력을 체험하고 있었습니다. 그는 지금 무릎이 단단해질 만큼 기도가 몸에 밴 기도의 사람입니다. 그렇기에 이런 담대한 기도를 할 수 있었습니다.

누구나 처음에는 자녀와 가정을 위해 기도합니다. 그러다 기도가 깊어지고 지경이 넓어지면 내가 사는 도시를 위해 기도하게 되고, 나중에는 나라를 위해 기도하게 됩니다. 이렇게 조금씩 기도가 강력해지면 한 나라의 통치자를 움직이는 기도를 할 수 있게 됩니다. 여호수아처럼 스케일이 큰 기도를 할 수 있게 되는 것입니다. 기도의 세계에서 하나님을 경험하십시오. 전혀 다른 하나님을 경험하게 될 것입니다.

여호수아의 기도는 단순히 태양을 멈추는 기적을 일으키는 기도가 아니었습니다. 하나님의 거룩한 전쟁을 완수하기 위한 부르짖음이었고 하나님의 뜻에 초점을 맞춘 기도였습니다. 그리고 그 결과는 참으로 놀랍습니다.

기도하는 사람은 영적 권세가 있다

"혀를 놀려 이스라엘 자손을 대적하는 자가 없었더라"(수 10:21).

"혀를 놀려"라는 표현이 참 재미있습니다. 감히 누구도 혀를 놀려 조롱하거나 우습게 보는 사람이 없었다고 합니다. 이스라엘이 압도적인 승리를 맛보았다는 뜻입니다. 하나님이 주시는 승리는 완벽하고 혁혁한 승리입니다. 상대가 도무지 입도 놀리지 못할 만큼 강력한 승리입니다.

한편, 하나님의 백성을 놀리거나 우습게 여기는 자가 한 사람도 없었다는 것은 이스라엘 백성이 영권을 획득했다는 뜻입니다. 이것이 우리가 영적 전쟁에서 획득해야 할 최종 목표물입니다. 믿지 않는 사람들이 우리를 보고 함부로 말을 하지 못하게 하려면 영권을 획득할 만큼 압도적으로 승리해야 합니다.

어떻게 이런 일이 가능합니까? 이스라엘과 함께하시는 하나님을 그들이 본 것입니다. 이스라엘 백성 뒤에 계신 하나님의 위력을 보고 함부로 까불 수 없게 된 것입니다. 믿는 자들을 보고 믿지 않는 자들이 그 뒤에 계신 하나님을 볼 수 있어야 합니다. 그래야 영권을 획득할 수 있습니다.

만일 직장에서 누군가가 나를 만만하게 대한다면 금식기도 하십시오. 무시당한 것은 내가 아니라 하나님이시기 때문입니다. 골리앗이 큰소리칠 때 다윗은 그것이 하나님을 모욕하는 것으로 알아듣고 분노했습니다. 하나님을 경외하는 사람은 하나님이 모욕당하는 것을 참을 수 없습니다.

그러므로 우리가 획득할 영권은 나와 상관있는 것이 아니라 하나님과 관련된 것입니다. 하나님의 영광을 위해 영권을 획득해야 하는 것입니다.

직장에서, 모임에서, 학교에서, 나를 통해 하나님의 능력이 드러나도록 기도해야 합니다. 돈을 많이 벌기 위해서가 아니라 내 뒤에 계신 하나님 때문에 아무도 나를 무시 못하게 해야 합니다.

신앙생활을 잘하는 아이들은 영권을 가지고 있습니다. 전도사 시절에 가르친 중등부 학생들 중에는 이 같은 영권을 가진 아이가 여럿 있었습니다. 날마다 교회에 와서 기도하더니 수요기도회를 만들자고

자기들이 먼저 제안했습니다. 그런 아이들은 아무리 전도사고 목사라도 함부로 말을 놓을 수 없습니다.

직장에서 누군가 시시콜콜한 음란패설을 늘어놓는다면 그것은 하나님을 무시하는 것입니다. 내 뒤에 계신 하나님을 보았다면 내 앞에서 그런 말을 늘어놓을 수 없습니다. 내 눈치를 볼 수밖에 없습니다. 거룩함과 도덕성을 갖추고 있으면 사장이 내 눈치를 보게 됩니다. 돈이나 지위나 능력에 상관없이 나의 거룩함과 도덕성으로 인해 수치와 두려움을 느끼게 됩니다. 기도하는 하나님의 백성은 세상이 그 앞에서 무서워 떨게 되어 있습니다.

우리는 모두 용사로 부름 받은 하나님의 백성입니다. 여호수아가 하나님의 용사로서 담대하게 선포하고 믿음으로 나아간 것처럼 그리스도인은 하나님의 약속을 붙들고 정면으로 돌파해야 합니다.

하나님은 너무도 멋지신 분입니다. 하나님은 오늘도 우리 삶 가운데 깜짝 놀랄 일들을 행하십니다. 그러므로 상황에 주눅 들지 마십시오. 기적은 오늘도 일어납니다. 기도의 스케일을 키우고 적극적인 태도로 하나님께 나아가십시오.

언제 어디서든 믿지 않는 사람들이 믿는 우리를 함부로 무시하지 않도록 하십시오. 날마다 무릎을 꿇는 기도의 습관이 영적 권세를 갖게 합니다. 기도하는 자의 최종 승리는 영권을 갖는 것입니다.

태양을 움직이는 기도는 하루아침에 나오는 기도가 아닙니다.
무릎이 단단해질 만큼 기도가 몸에 밴 사람이 할 수 있는 기도입니다.